数字法治丛书

# 网络交易平台

## 法律责任界定理论与实务

王志强/著

人民法院出版社

**图书在版编目（CIP）数据**

网络交易平台法律责任界定理论与实务 / 王志强著. 北京 : 人民法院出版社, 2025. 4. -- (数字法治丛书). -- ISBN 978-7-5109-4406-2

Ⅰ. D922.294

中国国家版本馆CIP数据核字第20257F5P35号

**网络交易平台法律责任界定理论与实务**

王志强　著

---

**责任编辑**　杨晓燕
**封面设计**　李泽卿
**出版发行**　人民法院出版社
**地　　址**　北京市东城区东交民巷27号（100745）
**电　　话**　（010）67550508（责任编辑）　67550558（发行部查询）
　　　　　　65223677（读者服务部）
**客 服 QQ**　2092078039
**网　　址**　http://www.courtbook.com.cn
**E - mail**　courtpress@sohu.com
**印　　刷**　保定市中画美凯印刷有限公司
**经　　销**　新华书店

---

**开　　本**　787 毫米 ×1092 毫米　1/16
**字　　数**　195 千字
**印　　张**　13.5
**版　　次**　2025 年 4 月第 1 版　2025 年 4 月第 1 次印刷
**书　　号**　ISBN 978-7-5109-4406-2
**定　　价**　68.00元

---

# 前　言

网络平台的兴起是近年来互联网尤其是移动互联网发展的重要特征。互联网时代的网络平台作为一种新兴商业模式，无疑已取得了较大的成功。2016 年，全世界市值最高的 10 家公司中，过半数（7 家公司）属于网络平台公司。随着网络平台在经济、社会中所发挥的作用日益重要，世界各国对网络平台加强监管的呼声此起彼伏。近年来，无论欧盟立法的持续发力，还是我国对大型网络平台的加强执法，以及美国不断提出加强平台监管的各类法案、草案等都表明，网络平台在全球各地面临被强力监管的趋势。

在此背景下，网络平台应该在什么层面以及多大程度上承担法律义务是迫切需要认真思考以及深入讨论的话题。网络平台有多种的分类方法，若要对所有网络平台的法律责任进行分析和研究，显然超出本书的框架和笔者的能力。本书以比较成熟的网络平台——网络交易平台作为出发点和落脚点进行研究，但又不局限于传统电商平台，主要在上篇完成基础理论研究的基础上，在下篇对于不同类型的网络交易平台新模式进行深入分析研究。本书从实务的角度重新思考网络平台的发展来源、历史演化以及法律属性，同时研究新型网络交易平台的法律定位以及责任边界。在整体意义上，本书从研究方法上来说，主要从追根溯源的维度，即历史维度来看网络平台从技术层面、商业层面到产业层面的演化过程，能够更加全面完整地观察网络平台本身，并在此基础上重新审视网络交易平台及其新业态。另外，从对比的角度，同时观察美国等法域对于网络平台法律责任的界定；从实际商业以及产业本身业态出发，对新型网络交易平台如聚合平台、小程序平台、网络拍卖平台以及二手物品交易平台法律责任等进行理论论证和实务问题探索。

本书研究方法除了历史分析以及对比分析之外，最大的特点是结合商业实际进行具体分析，即回归平台商业模式以及平台底层技术架构，在此基础上，从参与主体及其主体之间的关系出发，结合现有法律责任构建的基本逻辑和原理，分析不同平台商业模式下平台经济相关经营者的法律责任边界和分配逻辑，以便科学合理地界定不同经营者的法律责任。需要注意的是，本书主要聚焦网络交易领域不同经营者民事责任以及行政责任的界定和分析，未涉及刑事责任界定及分析。

随着以 Chat-GPT 为代表的人工智能革命的发展，网络平台将会在数字产业化以及数字经济发展中占据越来越重要的位置。“横看成岭侧成峰，远近高低各不同。不识庐山真面目，只缘身在此山中。”当苏轼处在庐山中的某一个位置时，他看到的只是庐山的一面。当他换一个位置时，又会欣赏到庐山的另一面。大自然的景象如此，对于数字经济领域的观察更是如此。随着网络平台新业态的逐渐演化，网络交易平台的法律责任界定也将日益复杂，本书也仅仅作为实务从业者从自身角度观察以及分析网络交易平台法律责任问题的尝试，以期为行业专家、监管部门以及相关从业者提供不一样的视角，为更好地理解网络平台责任界定这一重大主题提供些许帮助。数字经济特别是网络平台经济发展的大幕已经拉开，作为这个网络平台高速发展时代的参与者和近距离观察者，能够感受到网络平台作为一种新的商业组织形态和商业力量，对数字经济商业模式和生产关系的重构仍在持续。如何促进网络平台这一互联网超链接力量的商业组织健康发展，建立良性循环机制，不仅是我们这个时代的课题，也是我们从业者不可推卸的使命。网络平台仍在演化，而我们的观察和思考也将持续。

# 目　录

## 上篇　平台基础理论

## 下篇　具体平台类型法律责任分析

# 上篇　平台基础理论

# 第一章　互联网平台的兴起

## 本章要点

随着新型信息技术的不断发展和演进，互联网也从只有静态网页的 Web 1.0 到用户直接交互的 Web 2.0，再到用户自主控制数据的 Web 3.0。

互联网平台的发展演进离不开技术的更新升级，然而更为本质的原因在于生产力发展的需要。

在新华财经发布的 2017 年全球市值 500 强公司名单[①]中，市值前十位公司如表 1-1 所示。

**表 1-1　2017 年全球市值 500 强公司前十位榜单**

| 排名 | 股票代码 | 公司名称 | 国家 | 上市地点 | 2017 年市值（单位：10 亿美元） | 2016 年市值（单位：10 亿美元） | 变化幅度 |
|---|---|---|---|---|---|---|---|
| 1 | AAPL | 苹果 | 美国 | 纽约 | 860.88 | 618.00 | 39.30% |
| 2 | GOOGL | 谷歌 | 美国 | 纽约 | 729.29 | 546.10 | 33.55% |
| 3 | MSFT | 微软 | 美国 | 纽约 | 659.91 | 483.70 | 36.43% |
| 4 | AMZN | 亚马逊 | 美国 | 纽约 | 563.54 | 356.20 | 58.21% |
| 5 | FB | 脸书 | 美国 | 纽约 | 514.99 | 326.60 | 57.68% |
| 6 | 00700 | 腾讯 | 中国 | 香港 | 493.66 | 231.38 | 113.35% |
| 7 | BRK/A | 伯克希尔哈撒韦 | 美国 | 美国 | 489.25 | 401.90 | 21.73% |
| 8 | BABA | 阿里巴巴 | 中国 | 纽约 | 441.62 | 218.70 | 101.93% |
| 9 | JNU | 强生 | 美国 | 纽约 | 375.36 | 313.70 | 19.66% |
| 10 | JPM | 摩根大通 | 美国 | 纽约 | 371.05 | 308.80 | 20.16% |

在表 1 所示全球市值前十位的公司中，除了三家外，其他都属于互联网平台型公司，其中，中国的互联网平台公司腾讯和阿里巴巴均突破 4000 亿元美金，进入前十位。尽管 2017 年以后全球经济风云变幻，

① 新华财经：《新华财经 2017 年全球市值 500 强排名揭晓，美国优势尽显》，载新华财经网，https://www.xhf.com/us/news/2017marketcapitalization.html，2023 年 11 月 10 日访问。

全球市值前十位的公司不断变化，但不可否认的是互联网平台型公司仍长期占有较大比重，互联网平台型公司的崛起是不争的事实，也将持续长期影响整个商业世界的运行方式和运作规则。互联网平台本质上是属于一种商业模式还是一种生态化的革命，从不同的视角将给出不同的答案。本章将从技术和商业演进的角度观察互联网平台的兴起。

互联网平台的发展演进离不开技术的更新升级，然而更为本质的原因在于生产力发展的需要。平台经济是生产力新的组织方式，是经济发展的新动能，对优化资源配置、促进跨界融通发展和大众创业万众创新、推动产业升级、拓展消费市场尤其是增加就业，都有重要作用。对于平台经济的讨论是当前以及未来较长时期的热点问题，但究其本质来说什么是平台经济？其与网络经济以及数字经济有哪些区别？如何定义互联网平台？互联网平台或者网络平台的本质是什么？其最核心的价值是哪些？

随着新型信息技术的不断发展和演进，互联网也从只有静态网页的 Web 1.0 到用户直接交互的 Web 2.0，再到用户自主控制数据的 Web 3.0。表 1-2 根据网络公开资料整理了互联网产品和展现形态的变化情况。下面从技术与电子商务结合的角度来分析平台的兴起。

**表 1-2　互联网产品和展现形态的变化情况**

| 事件 | 计算机诞生 | 互联网前身 | | 传统互联网 | | | | 移动互联网 | | | | |
|---|---|---|---|---|---|---|---|---|---|---|---|---|
| 年代 | 1946 年 | 1969 年 | 1983 年 | 1990 年 | 1992 年 | 1994 年 | 2004 年 | 2008 年 | 2010 年 | 2016 年 | 2017 年 1 月 | 目前 |
| 表现 | 第一台计算机埃尼阿克（ENIAC） | 军用网阿帕网（ARPNET） | ICP/IP 协议 | WWW 的诞生 | 第一个浏览器：Mosaic 可以窗口浏览网页 | 第一代浏览器：Netscape Navigator（网景浏览器） | 新浏览器 Web 2.0：动态网页 Gmail（2004 年）、Google 地图(2005 年) | iOS2.0 发布推出应用商店上线 500 个应用程序，谷歌推出 Android Marke | 苹果商店下载超 50 亿，谷歌下载超 10 亿 | 百度提出小程序技术构架；微信小程序内测并形成标准 | 第一批小程序上线 | 百度、头条、支付宝等均有小程序 |
| 主体 | 美国宾夕法尼亚大学 | 美国国防部高级研究计划局 | 美国国防部高级研究计划局和美国国防部通信局 | 英国科学家 Tim Berners-Lee | （美国）国家超级计算机中心（NCSA） | 网景公司 | 谷歌 | 苹果、谷歌 | 苹果、谷歌 | 微信 | 微信 | 各大互联网公司 |

# 第一节　Web 1.0 阶段的互联网平台发展

## 一、Web 1.0 阶段的信息技术发展

在 Web 1.0 时代（1991 年至 2004 年）是万维网革命的第一阶段，通常称为只读网络。该阶段网站具有信息性的特征，仅包含超链接在一起的静态内容，可以在网站上展示信息片段。可以简单地理解为如新浪等门户网站的内容，是由编辑把它整理出来，用户只能阅读。

### （一）前浏览器时代

（1）计算机诞生：1946 年 2 月 14 日，世界上第一台计算机埃尼阿克（ENIAC）在美国宾夕法尼亚大学诞生。这是科研人员共同努力的成果，但是起到最关键作用的是数学家冯·诺依曼的设计思想，所以其被称为“现代计算机之父”。

（2）互联网的前身：1969 年美国国防部高级研究计划局建立了军用网阿帕网（ARPANET）。阿帕网就是互联网的前身。1983 年，该局和美国国防部通信局研制了用于异构网络的 TCP/IP 协议，后该协议在社会上流行起来，因此诞生了真正的互联网。

### （二）浏览器时代

（1）1990 年至 1995 年：1990 年万维网（WWW）诞生，其全称为 World Wide Web。1992 年，（美国）国家超级计算机中心（NCSA）研发了第一个浏览器 Mosaic，可以通过窗口浏览网页。新一代浏览器网景浏览器（Netscape Navigator）于 1994 年诞生。1994 年，“万维网之父”蒂姆·伯纳斯·李（Tim Berners-Lee）创建了 W3C 理事会。W3C 理事会主要负责 HTML 的发展路径，其宗旨是促进通用协议的发展，主要成员机构包括美国麻省理工大学、欧洲数学与信息学研究联盟、日本庆应大

学、中国北京航空航天大学。1995 年，布兰登·艾奇（Brendan Eich）研发的 JavaScript 应运而生。在该时期，互联网最早表现为静态网页，每个看到的 HTML 页面都是一个真实的文件，存在服务器的硬盘上。

（2）1995 年至 2005 年：这个时期的浏览器五花八门，竞争激烈。IE 浏览器、网景浏览器、火狐浏览器、谷歌浏览器是这个时期的主角。虽然当时已经有了比较统一的 ECMA（JavaScript 规范文档）标准和 W3C（HTML、CSS 规范文档），但是浏览器先于标准在市场上流行，成为了事实标准。1998 年，随着 Ajax 的出现，前端开发从 Web 1.0 升级到 Web 2.0，从内容的静态页面发展到了动态网页、富交互、前端数据处理的新时期。在这一时期，比较知名的两个浏览器产品是 Gmail（2004 年）和 Google 地图（2005 年）。由于动态交互、数据交互的需求增多，还衍生了 JQuery（2006 年）这种跨浏览器的 JS 工具库，主要用于 DOM 操作。

后来出现了动态网页技术，动态网页是指网页内容在用户访问或与网页互动时，通过程序动态生成或更新的页面。这个程序通常是一个脚本程序（如 Perl、Php、Ruby），或者 Java 程序（Java Servlet 和 Java Server Pages）。再加上数据库引擎，就形成了传统的 lamp（linux 作为操作系统、apache 作为网络服务器、mysql 作为数据库服务器、perl/php 作为服务器端脚本），于是就有了 Ajax 等。浏览器和服务器之间也就不再是提交表单—下载页面的过程，而有了提交数据—下载数据—依据数据改变页面内容。服务器也部分地成为数据处理器，然后就有了网络 API 的流行。

## 二、Web 1.0 阶段的电子商务发展

1995 年，亚马逊和易贝在美国成立。1997 年年底，在加拿大温哥华举行的第五次亚太经合组织（APEC）非正式首脑会议上，时任美国总统克林顿提出敦促各国共同促进电子商务发展的议案，引起了全球关注。1995 年，马云创办中国黄页并成为最早为企业提供网页创建服务的

互联网公司开始；1997 年，垂直网站中国化工网的成立；被称为中国电子商务元年的 1999 年，8848、携程网、易趣网、阿里巴巴、当当网等一批电子商务网站先后创立。2003 年，淘宝网成立并引入提供免费入驻和担保交易服务，之后进入迅速发展阶段。2004 年，京东多媒体网正式开通并启用新域名京东（jd.com）开辟电子商务领域创业实验田。

在 Web 1.0 阶段，我国电子商务发展处于起始阶段，属于不断探索并建立网络交易基础规则的时期。从一定程度来说，电子商务模式成功的关键是场、货、人的精准匹配。从场、货、人的角度来说，该阶段主要将线下市场中的卖家引入线上（主要是网站）展示商品，吸引消费者到网站浏览查看商品并与卖家达成交易。从市场来说，将受物理空间限制和时间限制的线下交易市场全景搬入不受空间限制和 24 小时可交易的线上市场。从货来说，其不再仅限于在线下市场以实体的形式向潜在消费者展示，展示的广度和链接消费者的可能性变得无限大。从人来说，消费者除了在实体线下商家实际查看货物外，还可以通过线上网站搜索、查看、比较货物，并直接完成下单、支付、购买等一系列流程。

在该阶段，随着综合电商的发展迅速，还演化出垂类电商（主要专注某一行业，如图书电商当当网、专注品牌折扣电商唯品会等）、O2O 电商（利用互联网技术连接线上和线下服务的商业模式，如美团、饿了么等）、二类电商（在移动信息流平台上付费投放广告，以单品页面形式展现商品进行推广销售）、精品电商（采用 ODM、C2M、生态链等模式，由平台参与产品设计和研发，直接与优质制造商合作生产，然后直接销售给用户，如网易严选、京东京造等）等新电商。

## 第二节　Web 2.0 阶段的互联网平台发展

### 一、Web 2.0 阶段的信息技术发展

Web 2.0（从 2004 年至今）是万维网革命的第二阶段，通常称为读

写网络。在该阶段，网络包含许多在线工具和平台，人们可以在其中分享观点、意见、想法和经验。网络突出用户生成的内容、可用性和最终用户的互操作性，如微博和早期天涯，由用户开始贡献内容。从那时起，互联网进入可读可写时期，即依赖社交工具和网络工具进行文字、图片、语音、短视频、直播等多种形式交互。随着技术和新型网络工具和产品的发展，用户不仅是应用程序的用户，而且是工具的参与者。

1.JQuery 时代：2009 年至 2016 年

在该阶段，用户可以用百度搜索或者谷歌搜索或者其他网站进行搜索，但只能使用浏览器，浏览器是所有网络资源的入口。所以，浏览器的开发成为这一时期的重要工作。2006 年，JQuery 发布，它当时的竞争对手很多，竞争也很激烈。直到 2009 年，Sizzle 选择器引擎研发成功，JQuery 才取得了压倒性的优势。这个时期，互联网前端面对的主要是浏览器的兼容性问题，而 JQuery 在处理 DOM 兼容性问题上有着大量的解决方案。JQuery 的流行间接带来以下发展：促使人们对 CSS1—CSS3 选择器进行学习，促进了浏览器原生选择器引擎 document.querySelectorAll、Element.matches 诞生，提高了人们对 DOMReady 的认识，促进了 Promise 与 request Animate Frame 的诞生，降低了前端门槛。这个时期，Zepto.js 的出现也标志着我们进入移动互联网时代。JQuery 时代以 RequireJS 的诞生为起点，以 RN 的出现结束。

2. 移动 App 时代

随着手机芯片、操作系统、屏幕技术、触控技术的进步，手机进入智能时代，App 应运而生，至今已有超过 15 年的历史。App 是 Application 的缩写，通常专指手机上的应用软件，或称手机客户端。随着移动设备的快速崛起，随之而来的是 App 呈现爆发式增长。在智能终端的冲击下，用户对于随时随地访问信息的需求增加，原有的 WAB 软件（Web Application Bundles）难以满足用户对移动性和即时性的需求，因此，在新的一轮技术变革下 App 成了人们的新宠儿，App 正对游戏、艺术品、零售、新闻媒介、旅游等行业变革产生深刻影响。App 开发的唯一目的是获取用户，从而获得一定的利润，没有用户，App 也就没有价值。现有的移动端 App 相比 PC 端 App，服务形式没变，改变的只是移动端更加便携和有更多应用场景。在移动通信网络高速发展和智能移动终端迅速普及的双重推力下，App 迎来了前所未有的发展。App 加速了互联网由电脑时代向移动时代的转变，让用户在移动手机端实现了使用很多程序功能的应用，较大地提升了便捷性。2008 年，苹果公司的 App Store 正式上线，App Store 推出初期，用户最喜欢的付费 App 大多是一些实用工具类的，比如能够在手机上查看和编辑 Office 文档的 Documents to GO，能够听歌识曲的 Shazam，以及相机滤镜应用 Hipstamatic 等。随后，社交类、游戏类成为 App Store 榜的宠儿。随着 3G 发展到 4G，短视频和直播成为现象级应用，同时成为各大核心主流应用的标配能力。

3. 小程序时代

随着 App 市场的饱和，大部分用户已经对现有 App 养成了使用习惯，开发新的 App 很难有市场空间。此外，App 开发和推广成本高也是不争的事实。虽说小程序的技术框架最早由百度提出，但在微信得到了最大化的应用，并且成为标准。小程序的定位是一个小 App，有 App 的良好体验感，也避免了程序完成后的发布环节，更免除了安卓各种机型的兼容调试。2016 年年底，微信推出了小程序，互联网运营商比如阿里、字节跳动等也不愿错过这个机会，纷纷开始尝试“原生”页面 +“小程序”形式重构自己的 App。2018 年 3 月 20 日，国内 9 家手机厂商（小米、华为、oppo、vivo、魅族、金立、中兴、努比亚、联想）正式宣布成立快应用联盟，推出快应用。快应用是基于手机硬件平台的新型应用形态，它利用前端技术栈开发、原生渲染，同时具备 H5 与原生应用的双重特点，可以让用户无须下载安装就能流畅地体验应用内容。

以微信小程序为例，小程序主要有以下优势：一是小程序是集合在微信上的功能。因为它无须安装或者卸载，不占用手机内存，不受手机系统的限制，一触即用。二是小程序开发成本低、周期短。开发一个 App 少则几万元，多则几十万元甚至上百万元，开发周期又很长。但制作小程序可以把成本压缩到几千元，极大地降低了开发和使用成本，人人都能用得起，开发周期也只需十天半个月，其体验效果与App无异。三是小程序将是“互联网+”最大的流量入口，微信已有十几亿的用户，而且几乎每个人都离不开微信，可见小程序未来的前景十分的广阔。

## 二、Web 2.0 阶段的电子商务发展

在Web 2.0阶段，我国电子商务快速演进并产生不同新模式和新业态。从2008年起，手机App用了10年的时间，取代了PC网站，成为互联网的主流应用。电商网络交易也随着技术和应用程序的变化，逐渐演化到App进行交易。在该阶段，网络交易日益被用户接受并逐渐成为一种主流生活方式。另外，互联网用户以及流量最大化之后，电子商务新业态的竞争逐渐演化为流量竞争，流量以及转化效率成为人、货、场精准匹配中的关键因素。在该阶段，消费者在多平台、多业态之间转化的成本较低，可选择空间较大，且消费者尤其价格敏感型消费者成为主流，商家以及电商平台对于中间型用户的吸引成为其营销的主要手段，大促销、定向优惠、私域推广等营销手段层出不穷，获客成本不断提高，互联网进入存量竞争阶段。随着我国制造业的逐渐成熟并成长为世界工厂，多数商品进入供大于求的阶段，商家可在多渠道（线上、线下）、多平台（不同的电商平台）、多业态（传统电商、直播电商、私域电商等）布局，实现最终用户的浏览以及下单完成交易，已从传统的“人找货”逐渐演变为“货找人”。各大平台和各商家围绕流量获取、场景转化、搜索匹配、营销推广等方向进行一系列的技术和模式创新，主要将线上存量消费者吸引到其场景和特定域中完成交易，其竞争成功的关键在于流量的稳定以及转化效率的提升。

在该阶段，除了Web 1.0时代电商新模式继续演化外，还先后出现了社交电商（利用社交网络，通过用户将购买商品时及购买后的消费评价及购物体验与他人分享等方式，向社交圈其他朋友进行推广，从而激发其他消费者购买行为的一种电商模式，如社交拼购电商拼多多、采用S2B2C模式的云集等）、直播电商（利用即时视频、音频通信等技

术手段，通过互联网站、应用程序、小程序等平台，由主播对商品或服务进行介绍、展示、说明，与消费者进行实时互动，激发消费者的购买需求，从而促成交易的商业活动）、小程序电商（在小程序上架商品，从事商品信息发布、营销信息宣传和商品交易等经营活动的电子商务模式）、内容电商（通过网页、短视频以及博文种草等形式吸引用户并引导完成网络交易的新型电子商务模式）、社区电商（商家或者平台通过网点为社区内居民提供的团购形式的优惠活动，促进对特定区域客户的精准化营销模式）等新电商新模式。另外，随着国家政策支持和不同新业态加速融合，跨境零售电商（国内消费者通过在海关备案的跨境电商第三方平台经营者自境外购买商品并完成零售进口交易）、聚合电商（将多个电商平台的信息或链接整合在独立平台并通过整合运营的模式）等电商新模式也不断涌现。

## 第三节　Web 3.0 阶段的互联网平台发展

### 一、Web 3.0 阶段的信息技术发展

与数据存储在单个数据库或云提供商中的 Web 2.0 不同，Web 3.0 应用程序要么在区块链上运行，要么在点对点节点（服务器）上运行。Web 3.0 采用去中心化的模式，用户的所有数据都是通过钱包 / 私钥来控制的，而这个时候，数据的所有权属于用户，而不是平台方。根据业界预计，理想化的 Web 3.0 将是一个不会依赖任何中心组织、完全由用户掌控的时代。它的到来将彻底改写当前数字经济的运行方式，并引发大量自下而上的创新。另外，随着 2022 年年底 OpenAI 公司发布的对话式沟通工具 ChatGPT 得到市场认可，全球各大互联网公司先后推出各类 AIGC 工具，AIGC 成为人工智能发展和社会关注的热点。

AIGC 属于人工智能（AI）发展的一个新阶段，是人工智能新技术演化的一部分，故要了解 AIGC，首先要对人工智能有大致的了解。从

技术层面看，根据模型类型来区分，可将人工智能划分为决策性人工智能和生成式人工智能。决策性人工智能是将不同的数据分别打标并进行区分，如将猫和狗的照片分别打标，然后进行对比，也就是说其主要是利用知识和概率来作“是”与“否”的选择，主要应用方向是人脸识别、推荐系统、风控系统、机器人、自动驾驶等方面；而生成式人工智能是分析已有的数据来生产新的内容，如根据历史上同类狗的图片提取公约数或根据概率预计生成新的更加逼真的狗的图片。换言之，其主要是利用逻辑来创作和生成，主要应用方向是内容创作、人机交互、产品设计等。AIGC 全称为 AI-Generated Content，指基于大型预训练模型、生成对抗网络 GAN 等人工智能技术，通过已有数据寻找规律，并通过适当的泛化能力生成相关内容的技术。这两年来，AIGC 快速发展的原因主要得益于算法技术的突破、互联网数据的采集和使用和硬件设备（芯片）的突破。

## 二、Web 3.0 阶段的电子商务发展

Web 3.0 主要的应用在于元宇宙、区块链、物联网和人工智能等，目的是实现去中介化的价值互联，但目前并未形成该技术的大量实际应用和商业模式创新。人工智能与 Web 3.0 如何演化以及如何与电子商务相结合并形成新模式成为值得期待的方向。我国处在 Web 2.0 高度发展的阶段，Web 3.0 仍处在萌芽阶段，并未产生成熟的业务模式和成功产品，其技术演化和商业处于前期阶段。另外，随着 AI 技术的不断演化和发展，其以明显加速的态势驱动现有电商模式继续演化和发展。接下来元宇宙电商（依托 AR/VR 以及线上沉浸式体验的在线新交易模式）、AI 电商（利用人工智能技术改造现有电商业态的人、货、场并提高匹配效率的模式）等新电商模式将会不断演化和发展。

# 第四节 比较视野下的平台经济

## 一、电子商务的概念

电子商务（Electronic Commerce）是传统互联网信息技术与线下商业活动的结合，是伴随着互联网的发展、成熟而不断成长的。

### （一）概念诞生

20世纪90年代初期，信息高速公路、信息经济、电子商务对人们来说还是很抽象的概念。电子商务最早出现在1993年美国克林顿政府工作报告对国家信息基础设施的描述中，其含义是利用电子信息技术、网络互联技术和现代通信技术，有效地把商品的资源管理和人们的交易行为结合起来，从而实现政府和企业之间、企业和企业之间、企业和顾客之间的信息交换、业务处理、商品和服务交易的计算机化、网络化活动。当时电子商务的含义不仅指基于互联网的交易行为，而且指所有利用电子信息技术扩大宣传、降低成本、增加价值和创造商机的商务活动。

### （二）概念演化情况

电子商务概念在于“电子”和“商务”解释范围的演化。早期“电子”解释范围包含一切电子形式，后期随着互联网技术的发展更集中或聚集于因特网，再后来发展成为依托移动互联网等信息网络。而对于“商务”早期的解释包括一切商业活动，即通过商业契约或合同所开展的种种活动，不仅限定于商品交易，还包括营销、合营、支付、服务、运输等活动；后期随着概念的变化，逐渐演化为仅包括商品交易或服务贸易。故早期的广义电子商务概念包括通过电子形式开展的一切商务活动，后期逐步演化为狭义概念，指通过互联网信息网络开展商品交易的活动。

初期（1995年至2000年）：多数采用广义概念，即一切利用数字电文形式所开展的商务活动。主要特点：一是涵盖的范围较大，包含电子数据交换、电子邮件、电报、电传或传真；二是商务活动的范围较大，不仅包含商品或服务的交易活动，还包含任何扩大宣传、降低成本、增加价值和创造商机的商务活动。

中期（2000年至2016年）：此阶段属于广义概念和狭义概念混用阶段。其中，狭义概念将电子解释为网络、互联网或因特网，将商务活动限定在商品交易。电子商务的概念就是依托互联网等信息网络所开展的销售商品或销售服务的活动。采用广义概念多出现在2002年之前，狭义概念多出现在2002年以后。

后期（2016年至今）：随着互联网商品和服务交易的迅速发展，互联网商品交易成为互联网环境下重要的商务活动。2016年前后，我国《电子商务法》启动立法进程，在此后的立法过程中，狭义的电子商务被写入2018年《电子商务法》至今。

### （三）网络交易概念的出现

值得注意的是，随着电子商务概念的演化，网络交易概念出现并不断被广泛使用。网络交易（Online Transactions）同样包含广义和狭义概念。网络交易的广义概念是指在信息网络中企业之间（Business to Business，简称B2B）、企业和消费者之间（Business to Consumer，简称B2C）以及个人与个人之间（Consumer to Consumer，简称C2C）通过网络通信手段缔结交易[①]。总结来说，网络交易就是通过网络技术，全部交易主体（企业、个人）之间所达成的所有交易活动，包含的商品交易以及其他所有通过网络手段提供服务的内容，如为网络商品交易提供第三方交易平台、宣传推广、信用评价、支付结算、物流、快递、网络接入、服务器托管、虚拟空间租用、网站网页设计制作等营利性服务。网络交易的狭义概念是指网络商品（含提供服务）交易，是通过互联网

---

① 引自2005年4月中国电子商务协会发布的《网络交易平台服务规范》。

（含移动互联网）销售商品或者提供服务的经营活动。一般情形下，在原工商总局于 2014 年 1 月公布《网络交易管理办法》发布前，多数文献及专家持广义概念。在《网络交易管理办法》公布后，多数持狭义概念。而网络交易狭义概念往往等于狭义的电子商务的概念，即电子商务（网络交易）是通过互联网等信息网络开展商品（或提供服务）的商业交易活动。

## 二、网络经济、数字经济以及平台经济的概念

### （一）网络经济的概念

网络经济一词并不是现在才出现的。早在 20 世纪 80 年代，一些日本学者鉴于第三产业中的商业、运输业、金融业等均由相应的网络而发展起来，就把服务经济称为网络经济，提出要研究这类问题。之后，又有人将网络经济理解为包括电信、电力、交通运输等有着相应的运营网络的经济行业，这些行业都具有网络式而非垂直式的结构特征，进而具有经济外部性的特征。网络经济就是指这些行业的经济活动。

随着计算机网络的产生，人们又将注意力转移到计算机网络上。网络经济的狭义概念是指以计算机网络为核心的网络产业群，包括计算机网络相关的硬件和软件开发、制造以及网络基础设施建设、运行的各种行业，也就是基于因特网(网际网)的经济活动，如网络企业、电子商务(不包括基于电子数据交换即 EDI 的电子商务)，以及网络投资、网络消费等其他网上经济活动。

网络经济的广义概念是指以信息网络(主要是因特网，但不限于因特网，如内联网、外联网等)为基础或平台的、以信息技术与信息资源的应用为特征的信息与知识起重大作用的经济活动。例如，美国得克萨斯大学电子商务研究中心认为，网络经济包含四个部分：网络基础建设领域、网络基础应用领域、网络中介服务领域和网上商务活动。

综上所述，网络经济狭义上从产业的层面来理解，将网络经济限定

为是以计算机网络为核心的信息产业群，也就是信息和网络产业即为网络经济，网络经济就是指在信息和网络产业中的经济活动和经济问题。网络经济广义上从整个社会的层面来理解，将网络经济理解为覆盖整个社会的一种经济形态，它不仅包括信息与网络产业等新兴的产业，也包括被信息化和网络化的传统产业，不仅包括生产过程，同时也包括流通和消费过程。

### （二）数字经济的概念

数字经济又称为数字化经济，是信息经济之后所提出的新概念。最早提出数字经济的是加拿大多伦多大学的唐·泰普斯科特教授。1995年，当全世界都在谈信息化的时候，他出版了《数字经济：网络智能时代的前景与危险》一书。美国麻省理工学院的尼葛洛庞帝教授在1996年出版了《数字化生存》一书。美国政府最先发现了数字经济的趋势，美国商务部出版了《浮现中的数字经济》，中国社科院的姜奇平教授团队把它翻译成了中文。我国的数字经济可能要追溯到2016年二十国集团（领导人）杭州峰会上由我国主导起草的《二十国集团数字经济发展与合作倡议（2016）》。该倡议认为，数字经济是指以使用数字化的知识和信息作为关键生产要素、以现代信息网络作为重要载体、以信息通信技术的有效使用作为效率提升和经济结构优化的重要推动力的一系列经济活动。

数字经济包含两大要素：一是工具的智能化。信息经济的高级发展阶段意味着我们将开发出一种新的劳动工具，这种劳动工具既不需要人的力量驱动，也不需要人为操纵，这就叫数字经济的智能化。二是整体要素的数据化。目前，互联网和人工智能还没有用于工业制造业，主要还是消费娱乐。我们正在进入数字经济的时代。这个时代如果对传统产业进行赋能，我们就能打造高端制造业。互联网将从消费互联走向产业互联，而推动进程的核心技术就是5G技术。数字经济包括五大类产业，即数字产品制造业、数字产品服务业、数字技术应用业、数字要素驱动业和数字化效率提升业。

综上所述，狭义的数字经济是从产业角度来看，利用数字化技术所开展的相关经济活动以及相关产业。广义的数字经济是从经济形态的角度来看，是指以大数据和数字化信息等作为关键生产元素，通过先进数字技术优化经济结构而重塑的新型经济形态。数字经济是继农业经济、工业经济之后的主要经济形态。

### （三）平台经济的概念

平台经济是数字经济的一种特殊形态，是指依托于云、网、端等网络基础设施并利用人工智能、大数据分析、区块链等数字技术工具撮合交易、传输内容、管理流程的新经济模式。常见的数字平台包括电子商务、网络约车、文娱、社交媒体、搜索、数字金融等。

平台经济是基于平台的一系列经济活动的总和。不同类型的平台产生不同类型的平台经济。平台经济已经成为数字经济的重要组成部分，成为经济增长的新动能。2004 年，贺宏朝在中国首次提出平台经济的概念，认为平台经济是参与方组成的一个新的竞争系统，平台参与方通过合作可以均衡地享有新系统的增值利益。2008 年以来，随着移动互联网的兴起，平台经济这个概念已经越来越多地出现在各种场合并为人所熟知。2018 年《政府工作报告》首次提到平台经济，强调发展平台经济、共享经济，形成线上线下结合、产学研用协同、大中小企业融合的创新创业格局。平台经济包含消费互联网平台和工业互联网平台。

平台经济的概念有广义与狭义之分。广义的平台经济是指一种基于数字技术，由数据驱动、平台支撑、网络协同的经济活动单元所构成的新经济系统，是基于数字平台经济的各种经济关系的总称。狭义的平台经济则是指平台经济是一种产业组织模式，即通过网络信息技术，使相互依赖的双边或者多边主体在特定载体提供的规则下交互，以此共同创造价值的商业组织形态。

## 三、关于相关概念分析的几点结论

一般情况下，根据对前述相关概念的对比以及简单分析，主要初步结论如下：（1）从外延角度来看，几个概念从大到小的顺序为：数字经济、网络经济、平台经济、电子商务以及网络交易。（2）数字经济主要与信息经济对比使用，平台经济是数字经济的一部分，而电子商务活动又是平台经济活动的一部分。（3）在狭义概念上，电子商务等同于网络交易，《电子商务法》和《网络交易监督管理办法》对其进行规范。（4）数字经济、网络经济、平台经济除了狭义的产业概念外，还包含广义的经济形态的概念，相关部门或语言表述根据需要时而使用广义概念，时而使用狭义概念。（5）按时间顺序来看，电子商务概念 1995 年最先出现，随后网络经济、数字经济以及平台经济随着互联网技术以及产业演进出现，网络交易概念仅国内使用，国外专家和官方法规文件使用情况较少。

# 第二章　互联网平台的本质和特点

### 本章要点

从经济发展的宏观维度来看，互联网平台本质上属于新的互联网技术催生的一种新型经济生态系统。平台经济是数字经济与实体经济结合的产物，是新实体经济的重要组成部分，不属于纯粹意义上的虚拟经济。

从商业组织进化的中观维度来看，互联网平台本质上属于商业组织模式发展的高级阶段。平台是多边市场主体在一定规则下进行核心交互产生并分配新增价值的新型商业组织。在数字化时代，在线平台正在加速改变各行各业的运营模式，其本身已经进化成为一种新的商业组织。

从企业创造价值的微观角度来看，互联网平台本质上属于商业价值链创造模式的新革命。平台不是仅分配其他市场主体创造的价值，而是因为促进新价值创造才分配价值的。

## 第一节　生态演化视角下的互联网平台

从整个经济生态演化的宏观视角来看，互联网平台本质是新技术催生的一种新型经济生态系统。从这个意义上来讲，平台经济并不属于纯粹意义上的虚拟经济，而是从本质上就起源与融合于实体经济，是新实体经济的重要组成部分。

## 一、原始社会以及农业社会的价值生产活动

究其本质上来说，在不同的社会形态下，存在着不同的生成方式，同时产生不同形式的价值。以原始社会为例，受限于生产资料的不完善，主要依靠人与人的合作来开展价值生产，因此在资源有限且劳动效率低下的情形下，人类通过协同或合作、利用简单劳动工具开展共同劳动并实现分配。此时所采取的生产方式就是人与劳动的结合，即原始人通过使用工具如弓箭进行狩猎，开展前述生产活动的成果形成了价值，即猎物作为食物来延续人类的生存。在该阶段，生产组织的形式为氏族组成价值生产实体。

在农业社会（包含奴隶社会和封建社会）生产生活模式下，生产要素除原始社会的人、劳动工具外增加了土地作为核心生产因素。其中在奴隶社会，奴隶作为奴隶主的生产资料之一，直接与其他生产资料如土地结合生产社会价值；在封建社会中，封建主通过占有主要生产资料如土地来实现人与土地的结合并生产价值后以土地占有权参与价值分配。在此阶段，社会所采取的生产方式就是人、劳动以及土地等多要素的结合，即人类通过使用劳动工具（如牛和耙犁）等，并与土地相结合所生产农作物的过程，开展前述生产活动的成果形成了价值即农作物作为食物来延续人类的生存。封建社会的特征大致归为：（1）以家庭为基本生产单位、以手工为主要生产方式的自给自足的小农经济在社会中占主导地位，生产的目的主要是满足家庭生活需要而不是交换。（2）社会分工不发达，社会分化程度低下。（3）社会流动性弱，各阶级阶层之间壁垒森严，社会关系以血缘和地缘关系为主，个人的发展受到极大限制。（4）社会管理原则是家长制，人治为政治系统运行的基本方式。（5）人们的思想观念陈旧，迷信权威，惧怕变革。（6）竞争机制不健全，生活节奏缓慢，因而，社会的变革和进步也非常迟缓。由此可见，在该阶段生产组织的形式为家庭组成价值生产实体。

## 二、工业社会价值创造的传统模式

在工业革命之后，人类社会逐渐进入工业社会。在工业社会，生产价值的生产要素由传统农业社会的生产要素进化为人（劳动）、资本（工厂、机器等）、技术（生产诀窍、专利等）等多生产要素的组合，同时以企业（公司）作为价值创造的核心主体和组织方式，企业作为工业社会下的主要主体，通过资本雇佣劳动实现人与生产资料的结合并以分工产生效率来实现社会财富的快速增加。企业通过内部专业化产生社会价值，如物质财富、各种工业产品。另外，通过社会整体分工和交换实现农业产品与工业产品以及工业产品间的交换，企业内部分工和社会不同部门的分工提升价值生产效率，从而大幅提升社会价值总额，人类社会物质财富不断增加。

一般认为，工业社会具有以下特征：（1）以大机器的使用和无生命能源的消耗为核心的专业化社会大生产占据了社会经济的主导地位。（2）科学技术高度发达，生产效率全面提高。（3）社会分化剧烈，社会分工精细。（4）社会流动性增强，业缘关系取代了血缘和地缘关系而成为人们社会关系的主要形式，个人发展的机会和自主程度增多。（5）法治取代人治成为政治系统运行的基本方式，社会的民主化程度提高。（6）城市数量增加、规模加大，农业人口的比例降低至半数以下。（7）交通运输工具和通信联络手段高度发达，个人、群体、组织、区域、国家日趋开放。由此可见，在该阶段生产组织的形式为公司制组成价值生产实体。

## 三、数字社会价值创造的新革命

近年来，随着信息技术革命的发展，人类社会正在逐步进入数字社会时代，数字化技术已经向社会经济生活全面渗透，并成为经济增长和社会演进的新动能。在社会主动拥抱数字化变革的同时，应注意的是，数字化仅仅是手段和工具，而不是目的，数字社会泛化的潜在风险不容忽视。因而，对数字社会的概念进行界定十分必要。数字社会是以构筑全民畅享的数字生活为目标，以数字化、网络化、大数据、人工智能等当代信息科技的快速发展和广泛应用为支撑，通过数据驱动推动产业发展、公共服务以及社会生活等领域数字业态变革型成长，形成全连接、全共享、全融合、全链条的数字社会形态。数字社会的概念应从两方面去理解：一方面，从横向角度去剖析数字社会的组成要件；另一方面，从纵向角度审视数字社会对人类发展史的长远影响。数字社会的组成要件包括四个方面。（1）城市大脑：为数字社会提供全面、全程、全域的能力支撑。（2）数字化服务：社会事业的数字化服务，协同推动制度创新和政策供给。（3）业务协同：跨业务流程再造、跨部门业务协同、跨行业数据共享。（4）社会空间：多场景应用，包括未来社区、乡村服务、海洋空间等。数字社会对人类的影响包括三个方面。（1）数字 ID：个人技能数字化，包括社交、购物、自我管理等。（2）数字组织：组织动员的体系性改造和结构性重组，实现动力体系和运营系统的更换。（3）数字文明：包括知识经济、新财富观念、技术创新、人本理论、数据赋能等。

随着互联网技术的进化以及互联网商业的演化，人类正逐渐进入数字社会。在数字社会下，生产要素在本质和内涵上均发生了演化，即由工业社会中的人、资本、技术等多生产要素组合逐步演化为人、资本、技术、数据等生产要素的组合，在互联网平台这一新的组织方式下形成企业集群的生态系统，并通过内外部企业分工产生双重价值，包括物质财富如各种工业产品和虚拟财富如各类精神产品。在生产要素方面，资本要素在传统工厂、机器等方面新增软件、程序、算力等各类互联网信息技术及其载体。在技术要素方面，在生产诀窍、专利等方面新增信息技术、大数据技术等新型互联网技术。另外，新增数字社会新的生产要素即数据。数据（包含算法）成为基础资源和基础生产要素，同时数据这一新型生产要素与传统生产要素在互联网技术加成下产生了新的生产方式和新的产品如虚拟产品或虚拟价值。互联网平台作为创新、掌握、运用互联网信息技术的主要主体，不仅推进新技术产生和演化，同时还是数据要素的收集和利用的主要主体，是数字社会价值生产的主要主体。

从类比的角度，生态系统的动态机理，对人类的经济活动同样具有重要的指导意义。从互联网平台所发挥的功能以及所链接的不同市场主体之间进行核心交互并相互依存的状态来看，互联网平台是一种新型经济生态系统。在这种经济生态中，不同市场主体与生态系统里的不同生物一样相互依存，通过商业交互（交换）产生新的商业价值并进行合理分配。从这个意义上来讲，宏观上来说，互联网平台本质是与自然生态系统类似的一种新型商业生态系统或经济生态系统。

## 第二节　商业组织演化视角下的互联网平台

从商业组织演化的视角来看，互联网平台是多边市场主体在互联网信息技术加持下通过一定规则进行核心交互产生并分配新的价值的新型商业组织。从这个意义上来讲，互联网平台是商业组织演化的高级阶段。

### 一、个人—企业—互联网平台的分析模式

从互联网平台作为一种商业模式或商业组织产生的过程来看，伴随着组织形式的演化，企业在追求降低成本并追逐最大利润的过程中，高效的商业组织在市场竞争中成为胜出者。在商业组织进化过程中，在追求最大化利润的驱动下，更新、更有效的商业组织一般会替代以往的低效的商业组织。互联网平台的产生和壮大也是这样一种历史演进的过程。

常见的组织形式是个人生产、企业生产以及平台模式（含互联网平台）。从历史的演化角度来看，企业作为一种工业社会或数字社会的新

型商业组织方式逐渐替代了农业社会的个体生产组织方式。同时，互联网平台作为一种新的商业组织方式逐渐在部分领域替代企业这一传统商业组织并取得较大的成功。商业主体在追求降低成本追逐利润的过程中，互联网平台在市场竞争中成为胜出者并成为新的组织形态。

在以个人作为生产主体的组织形式下，个人通过分工（个人从事最有优势产品的生产）→专业化（提高效率）→互相交换（形成市场）→产生财富的形式组织社会价值生产。相关理论来源是李嘉图的相对优势理论。这种类型的组织生产形式本质上属于个体依靠劳动通过单独生产创造财富。个体通过依赖自身资源禀赋并结合其他生产资料进行社会分工，通过专业化提高生产效率，通过在市场与其他人进行交换形成社会财富并推动社会演化。当个人作为一种生产组织模式或商业组织形式时，其扩展的边界是家庭或氏族，若超出血缘关系或族群关系，个体合作生产将不可避免遇到瓶颈。

## 二、企业是降低交易成本的商业组织

在以企业作为生产主体的组织形式下，企业作为独立的生产组织逐步替代个人生产方式，那么企业替代个体生产的原因是什么呢？美国经济学家科斯指出，企业本质是一种资源配置的机制，企业与市场是两种可以互相替代的资源配置方式。由于经济体系中企业的专业分工与市场价格机能之运作，产生了专业分工的现象；但是使用市场的价格机制成本相对偏高，而企业机制是人类追求经济效率所形成的。由于交易成本泛指所有为促成交易发生而形成的成本，因此很难进行明确的界定与列举，不同的交易往往就涉及不同种类的交易成本。总体而言，可将交易成本区分为以下几项：（1）搜寻成本，即商品信息与交易对象信息的搜集。（2）信息成本，即取得交易对象信息与和交易对象进行信息交换所需的成本。（3）议价成本，即针对契约、价格、品质讨价还价的成本。（4）决策成本，即进行相关决策与签订契约所需的内部成本。（5）监督交易进行的成本，即监督交易对象是否依照契约内容进行交易的成本，例如追踪产品、监督、验货等。（6）违约成本，即违约时所需付出的事后成本。在信息不完备的条件下，受主客观因素的影响，欲使交易符合双方当事人的利益，交易合同就变得十分复杂，为追求一个完备合约，势必增加相应的费用。市场合同的高费用使一些交易采用企业内部交易方式。市场和企业是资源配置的两种可互相替代的手段。它们之间的不同表现在：在市场上资源的配置由价格机制调节；在企业内资源的配置则通过企业管理层的管理协调完成。从资源配置的效率出发，为了节约交易成本，有些交易通过市场完成，有些交易在企业内部完成，选择在哪里完成依赖于市场定价的成本与企业的组织成本之间的平衡关系。

综上所述，企业和市场作为两种资源配置方式均会产生交易成本，当企业管理成本小于交易成本（企业将会产生），以企业（形成雇佣关系）替代市场机制（价格机制）更加有节约成本，且能够提高生产效率，创造更多财富。企业的显著标志在于：它是价格机制的替代物，是一种替代市场进行资源配置的商业组织。企业代替个体生产与交换（市场）的根本原因在于企业作为一种新的商业组织形式能够更好地节约成本，形成更有效率的生产和交换。当企业作为一种生产组织模式或商业组织形式时，其扩展的边界即企业规模是企业扩张的边际管理成本等于企业扩张所带来的边际交易成本。当超出一定的规模时，企业扩展所带来的是净利润下降，此时企业达到适合的规模。企业本质上是资本雇佣劳动并通过分工生产提升生产效率。

## 三、互联网平台是降低交易成本的高效契约组合体

当前，互联网平台迅速发展并成为更有效的商业组织形式。互联网平台的核心价值和核心竞争力在于增加生产和交易的确定性，降低商业组织生产和交易履约风险，主要途径是通过多边类型化合约（平台协议、规则等）来降低交易成本（营销、搜索、履约、售后等成本），从而能够提高社会整体资源配置效率。以电子商务平台为例，其中各类市场主体之间的合同关系如图 2-1 所示。

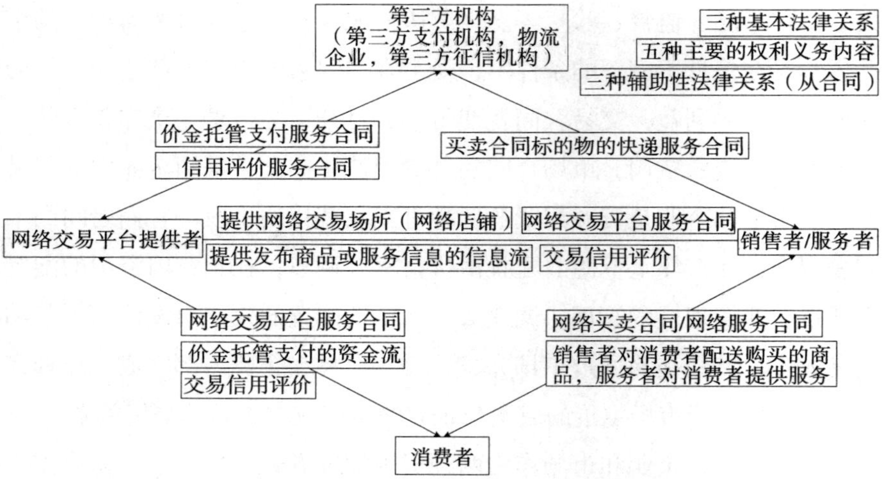


**图 2-1　各类市场主体之间的合同关系**

在传统市场交易过程中，交易各方每次交易均需要经过谈判之后确定交易条款，成本较大。而在互联网平台模式下，传统合同及其条款以商家入驻协议和消费者登录协议以及各类平台规则等格式条款的形式予以标准化，大大降低了各类市场主体的交易成本，也就是平台通过一整套高效的标准化的契约组合代替传统的双方民事合同，从而促进交易的效率提升和价值提高。互联网平台作为多边市场主体的连接中介，同时还创造了新商业价值的市场主体，其本身具有扩张的天然属性。互联网平台建立之初便需要投入大量的基础设施成本和研发成本，只有不断地扩张其多边市场主体数量并形成商业变现模式才能维持其生存发展。在追求商业化最大利润的驱动下，互联网平台的规模即平台的经营成本等于各市场主体交易成本之和。从这个意义上讲，互联网平台属于商业组织演化的高级阶段，是不同市场主体通过互联网技术融合并在规则框架下进行交互的商业组织形态。

综上所述，从商业组织演化的历史进程来看，互联网平台是商业组织演化的趋势和市场选择，其本身演化具有内在必然性和外在选择性。互联网平台是商业模式在新技术发展下的组织创新形式，具有历史维度的先进性和价值创造的引领性。

## 第三节　价值链创造视角下的互联网平台

### 一、传统企业价值生产方式

企业创造价值第一步为寻找商机。进行市场调研，发现当今社会哪个行业、哪个环节还有不足，还有用户未被满足的点。第二步为研发。在企业确定了市场需求后，整合供应端资源，根据需求研发产品，这个产品可以是实际产品，也可以是虚拟产品。第三步为营销。企业产品研发并生产后，要让大家知道企业有这个产品，此时进入营销阶段，寻找潜在用户。酒香也怕巷子深，好的产品配上好的营销，起到事半功倍的效果。第四步为销售。销售阶段获取到潜在用户的信息，销售人员针对用户的信息，了解用户需求，只有深入了解客户，才能更好地将产品销售出去。第五步为售后。企业产品销售出去之后，要实时跟进用户的反馈，了解用户的使用情况，根据用户的反馈，去修正产品，让用户满意，同时让自己的产品也越来越好。从前述商业过程来看，传统商业模式下，价值逻辑表现为“企业—顾客”，企业为顾客提供产品 / 服务，顾客为获取产品 / 服务而支付货币。价值创造源于焦点企业为顾客提供的产品/服务;企业将产品/服务提供给顾客的过程也就是价值传递过程，顾客的货币支付转化为企业的价值实现。显然，传统商业模式下企业价值生产是一种简单的自上而下的线性价值逻辑。在传统企业商业模式价值逻辑的各阶段中，企业是唯一主体，主体角色的一致性保证了传统商业模式价值逻辑的各阶段不存在分离现象。

综上所述，在传统企业模式下，价值创造主要是单线条的，从生产企业——销售企业——用户的全过程商品流通过程来看，通过不同的生产要素的组合如劳动，在每一个环节中创造价值。

## 二、互联网平台背景下的价值链创造模式

互联网平台作为一种新型的企业网络商业生态系统，是组织和个人所组成的经济联合体，而且还包括竞争者，位于生态圈中的不同主体打破了各自组织边界，彼此相互联结、实时互动构成了价值链，不同的价值链相互交织、协同互助形成了连接紧密、范围广泛的价值网络，资源和信息等通过价值网络在生态系统成员间流动和循环，实现不同主体的价值共创。

以苹果公司为例来说明平台的这种商业价值逻辑。在苹果公司的平台上，存在着三种类型的角色：作为中介平台的苹果公司，终端顾客主要包括 iPod 用户、iMac 用户、iPhone 用户和 iPad 用户，以及各种内容提供商，主要包括数字媒体（音频和视频）提供商、手机和电脑应用软件开发商和为数不多的广告商。苹果公司为终端顾客提供电子设备和部分软件的过程，就是其创造价值的过程；同时，苹果公司还为软件开发商和广告商提供各种形式的服务，这也是一种创造价值过程。大量数字媒体和通讯电子设备的应用软件，通过苹果公司的平台向终端顾客传输的过程，就是苹果公司完成媒体供应商、软件开发商与终端顾客之间价值传递的过程；苹果公司对来自终端顾客的货币支付与媒体供应商、软件开发商之间按照一定比例进行分成（如与软件开发商就顾客的付费下载以 3 ∶ 7 比例进行分成）的过程，就是价值分配过程，同时也是价值实现过程。

在互联网平台模式下，终端顾客的需求来自供应商提供的产品 / 服务，因而供应商是价值的创造者，但是，由于条件或资源限制，供应商通常无法完成对产品 / 服务向顾客的传递，供应商丧失了价值传递功能，这种价值传递职能转由平台企业来完成。在互联网平台模式下，价值创造主体与价值传递主体出现了分离。另外，同时发生的是价值创造过程与价值实现过程的分离。很多互联网平台企业（如网站）为顾客（如网民）提供各种服务如信息搜索、电子邮件往来等服务，但无法从中获取利润，顾客价值的创造与提高并不必然为企业带来利润，价值创造与价值

实现出现了分离。

在互联网平台模式下，价值创造的模式主要是多样化复杂矩阵式价值链创造模式，各种主体如生产企业–销售企业–快递企业–支付企业–营销企业–用户在平台中的交互产生新的价值创造模式和交叉价值，通过以平台为介质的核心交互，不同的市场主体的业务交集和组合产生新的价值并以市场化方式进行分配。以电商平台为例见图 2–2。

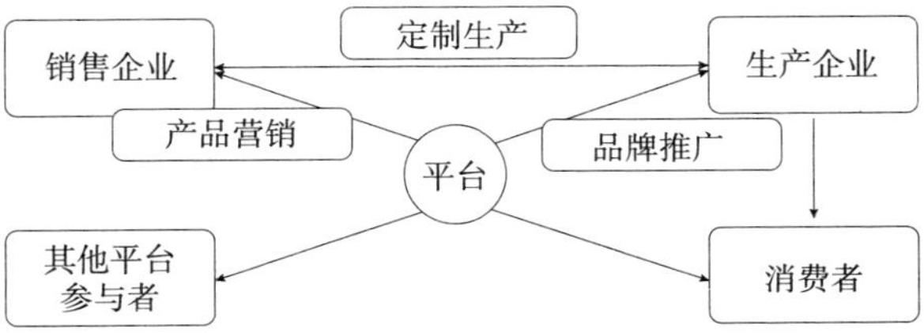


**图 2–2　电商平台价值生产过程**

在电商平台价值生产生态系统中，生产企业不仅可以直接通过平台销售本企业所生产的产品并获得产品价值实现，还可以通过向网络销售企业供货的形式实现产品销售，甚至还可以通过平台数据实现定制生产或预售生产，从而实现产品价值实现的多样化。

## 三、简要结论

通过对比传统企业与网络平台不同价值链创造模式，网络平台通过核心交互产生了新的革命性价值创造链路和模式。在传统企业向网络平台演化过程中，价值链创造方式也经过革命性创新，网络平台多样化矩阵式价值链创造模式具有先进性和独特价值，其不仅为各种参与主体提供核心交互介质，也促进整个交互规则的完善，在此过程中，平台企业在参与并实质创造新的价值。

## 第四节 技术建构视角下的互联网平台

从技术角度来看，互联网平台是在底层系统基础上的以信息形式进行内外部交互的一整套数据存储和应用系统，其核心技术功能是通过承载内部数据系统的客户端实现与外部对象的核心交互并满足用户的需求。

### 一、基本的互联网信息技术术语

要想从技术角度来看网络平台，我们首先需要了解一些互联网信息技术相关的关键术语。

程序即计算机程序，是指一组指示计算机或其他具有消息处理能力的装置每一步动作的指令，通常用某种程序设计语言编写，是运行于某种目标体系结构上来满足人们需求的信息化工具。为了使计算机程序得以运行，计算机需要加载代码，同时也要加载数据。从计算机的底层来看，这是由高级语言（例如 Java，C/C++，C# 等）代码转译成机器语言而被中央处理器（CPU）所理解，进行加载。通俗地讲，程序就像一个“传令官”，将人的意图传达给计算机，让计算机执行。比如，用户写一篇文章，需要让 Word.exe 这个程序将输入的文字记录下来，然后保存或者打印出来。一个程序可以接收下达的指令，然后让计算机去执行。这就是程序最本质的特征。

软件是一系列按照特定顺序组织的计算机数据和指令的集合。软件是用户与硬件之间的接口界面。用户主要是通过软件与计算机进行交流。一般来讲软件被划分为系统软件、应用软件和介于这两者之间的中间件。系统软件负责管理计算机系统中各种独立的硬件，使得它们可以协调工作。系统软件包括操作系统和一系列基本的工具（比如编译器、数据库管理、存储器格式）。系统软件使得计算机使用者和其他软件将计算机当作一个整体而不需要顾及底层每个硬件是如何工作的。应用软件是为了某个用途而专门开发编制的某种软件，现在已有许多分类，比如财务软件、办公软件、听歌软件、杀毒软件等。中间件是一种独立的系统软件或服务程序，分布式应用软件借助这种软件在不同的技术之间共享资源。中间件位于客户机服务器的操作系统之上，管理计算资源和网络通信。软件在运行时，能够提供所要求功能和性能的指令或计算机程序集合。软件并不只是包括可以在计算机（这里的计算机是指广义的计算机）上运行的电脑程序，与这些电脑程序相关的文档一般也被认为是软件的一部分。

App 是 Application 的简写，多指手机上的应用程序，对于电脑上的应用程序，我们称之为软件。硬件提供了连接网络的功能，用户可以借助浏览器等来接收信息。比如，硬件提供了麦克风的功能，那么，用户可以借助语音聊天软件来和好友通话等。手机里常用的浏览器、聊天软件、购物软件等就是 App。

计算机系统是由计算机硬件系统和计算机软件系统两部分组成的。硬件系统是计算机组成部件的总称，是计算机实现其功能的物质基础。软件系统是指挥计算机运行的程序集，按功能分为系统软件和应用软件。计算机硬件系统主要由运算器、控制器、存储器、输入设备、输出设备等部分组成。运算器、控制器和存储器这三个部分是信息加工、处理的主要部件，合称为主机，而输入设备和输出设备则合称为外部设备。运算器和控制器无论在逻辑关系上还是在结构工艺上都有十分紧密的联系，往往将两者组装在一起，称为中央处理器。一个大系统或者多个系统通过用户互动最终形成平台。

## 二、系统—计算—数据—应用端的分析框架

互联网平台利用互联网新技术连接起生态系统中互动的人、组织和资源，创造商业价值并进行价值交换。从技术角度来看，互联网平台核心技术逻辑是底层系统—软件系统—应用系统—计算（云计算或系统内

计算）—数据交互—应用端（PC、App）—用户。即从技术角度进行拆解，支撑互联网平台运行的基础是底层系统，其包含硬件和操作系统。在底层系统之上运行的是软件系统，其包含搜索软件等在线或离线软件系统，软件在硬件之上通过应用系统和计算（包含云计算或系统内计算）产生数据交互（信息流动），并通过应用端（App或者PC）与用户进行交互和沟通。故互联网平台从技术角度来看是在计算底层基础上的以信息形式进行内外部交互的一整套数据存储和应用系统。

从技术演进角度来说，互联网平台会随着信息技术的创新和变革不断演化，其中随着云计算、小程序、虚拟现实等技术的发展，互联网平台的展示形式和服务方式等方面也会不断演化。

## 三、网络交易平台系统示例

基于以上互联网技术术语的解释，网络交易平台系统架构见图2–3。

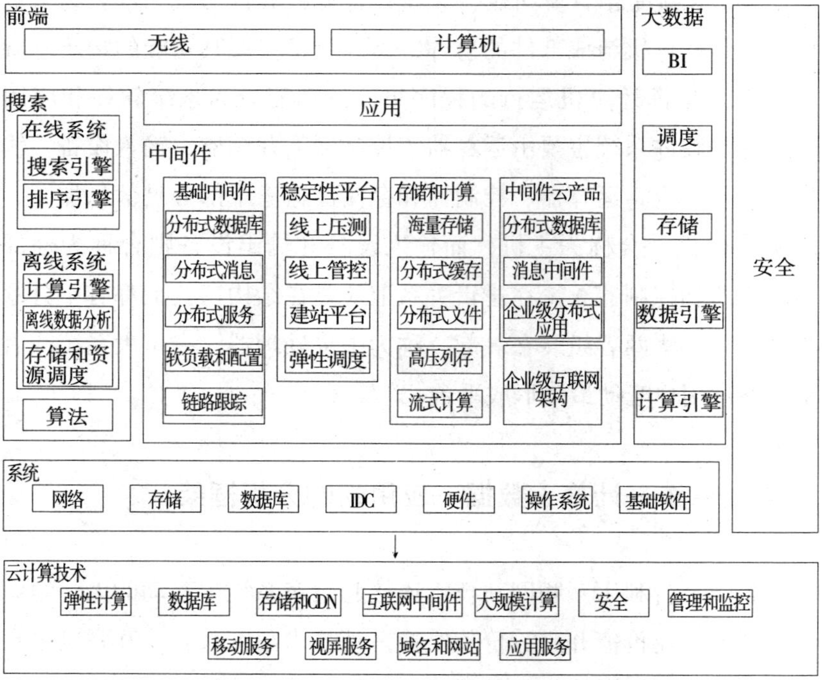


**图2–3　网络交易平台系统架构**

在整体系统中最基础的包括网络、存储、数据、各类硬件、操作系统以及各类基础软件，同时，目前系统可运营在云上，通过云计算技术支撑网络交易底层系统的运行。在底层系统之上，是各类中间件、搜索等在线系统以及计算引擎等离线系统。前端则表现为与用户交互的App或计算机页面网站。用户通过前端与中间件等内部产品在底层系统上运行，可获得各类信息，同时在整个架构内部各不同组件之间通过数据实现交互和流动。

以网络在线购物为例，用户打开手机在线购物App，通过搜索进行选择、下单、支付等流程完成在线订单，商家通过店铺接收订单，并完成发货、上传物流单号，平台将物流信息通过订单页面展示给用户，用户在接收货物后，点击收货和商品评价，整个交易完成。在此过程中，用户通过手机App与网络平台的系统进行数据和信息的交互并完成订单确定、支付等核心环节，然后以数据的形式将上述核心信息存储在服务器或云平台上。因此，网络平台是一整套通过信息技术实现的能够促进信息系统所链接的多方用户进行交互的集成系统。

综上所述，互联网平台是在底层系统基础上的以信息形式进行内外部交互的一整套数据存储和应用系统，其核心技术功能是通过承载内部数据系统的客户端实现与外部对象的核心交互并满足用户的需求。从技术角度来看，互联网平台是为多方以数据形式进行信息互动交互的网络信息系统。

## 第五节　商业价值实现视角下的互联网平台

### 一、链接—交互—融合分析框架

从商业价值角度来看，链接、交互、融合是互联网平台的主要特点，通过数字技术和平台模式的结合促进了多边市场主体的链接，从传统线下单一调整为线上多方互动链接方式，多边市场主体通过核心交互，并进行上下游、线上线下、不同主体不同业务的多方融合，即不同维度和不同主体间的需求在平台上实现融合，产生新的商业机会和创造新的商业价值。

商业链接：平台体现着双边市场甚至多边市场的特征。以电子商务为例，在网络平台形成并介入买卖双方交易之后，呈现为双边乃至多边市场：从卖方来看，通过平台链接更多潜在买家，通过平台提供的交互工具进行沟通并达成交易；从买方来看，消费者可通过平台搜索到更多的卖家，并进行挑选、比较之后确定交易。从整体上来看，平台作为买卖双方的链接中介，有效组织了更多的买家和卖家，并对双方均产生正面经济效应。网络平台通过互联网技术连接产品或服务的供应侧和需求侧，协调交易活动，平台自身并不直接提供产品或服务，而是扮演信息汇聚和交易组织的角色。因此，从商业价值方面来看，网络平台作为链接交易双方甚至各方的主要中介，属于实现商业价值的前提和主要依托。

商业交互：网络平台改变了各参与角色参与协同的深度和广度，其不仅是生产者和消费者完成核心交互的传统场所，同时还是其他链接参与者进行核心交互的场所。以社交平台为例，其是参与沟通的各方进行直接交流（单向发送信息）或者群体交流（在同一个群内进行沟通）的主要通道和方式。在商业场景下，不同主体通过网络平台的链接开展核心交互，产生新的商业机会并达成新的交易。

商业融合：数字技术和平台模式的结合促进了多边市场主体的链接，不同维度和不同主体间的需求在平台上实现融合，产生新的商业机会和创造新的商业价值。以电子商务为例，在传统的生产者与消费者达成买卖交易关系的同时，在平台构建的生态系统里，还产生了平台与第三方支付服务商、商家与物流服务商、代运营商与品牌商等多方主体之间的交互，产生了新的交易机会如直播带货，并创造新的商业价值，形成新的产业链。

## 二、多边市场—线上线下—虚拟实体分析框架

互联网平台不仅链接生产者、消费者、服务提供者（如支付服务）等线上线下不同的市场主体，还链接线下实体经济如生产企业，虚拟经济如金融等。通过不同主体的链接，并在平台提供的规则下交互，充分产生新的商业机会和创造新的商业价值。

综上所述，互联网平台是链接不同市场主体并促进核心交互产生新商业价值的载体。

## 三、互联网平台的特点

目前，各国家或地区的现有法规规范对互联网平台尚未有明确、统一的认定标准和具体定义，学界对于平台到底是一种新型的商事主体、一种新型经济组织形态，还是一种系统性的经济现象尚未达成共识。

2021 年 10 月 29 日，国家市场监管总局发布《互联网平台分类分级指南（征求意见稿）》和《互联网平台落实主体责任指南（征求意见稿）》。其中，《互联网平台落实主体责任指南（征求意见稿）》对互联网平台予以明确定义，即“指通过网络信息技术，使相互依赖的双边或者多边主体在特定载体提供的规则下交互，以此共同创造价值的商业组织形态”。

从前述互联网平台的定义出发，互联网平台的特点主要表现为以下三点。

一是互联网平台是双边市场或多边市场的重要链接点。互联网平台实际上提供的是一个现实或者网络空间，具有用户之间交易或交换中介的功能。互联网平台的基本功能在于通过互联网技术连接产品或服务的供应侧和需求侧，协调交易活动，平台自身并不直接提供产品或服务，而是扮演信息汇聚和交易组织的角色。双边市场最重要的特性就在于交叉网络外部性。数字时代平台经济最重要的特质就在于网络外部性借助

数字技术打破了时空的限制，得到了最大程度的发挥。

二是互联网平台是多种经营主体创造新价值的重要载体。平台经济内多种经营主体在平台所制定的规则下开展经济活动，能够创造新业态、新业务、新产品以及新服务。以电商平台为例，随着网络交易的发展，产生了快递、第三方支付、代运营商等多种新型行业，而上述行业通过在平台规则下进行互动产生新价值。

三是追求规模、跨界扩张是互联网平台的天然属性。由于互联网平台存在交叉外部性，即只要技术手段容许，便可以集聚无限多的用户，也因此使得平台规模不断扩大，用户加入平台的价值相应提升。网络外部性对互联网经济效率的影响是全方位的。它强化了市场竞争，尤其是网络平台之间的争夺用户的竞争；它可以充分发挥规模经济、范围经济和网络外部性优势，以集中交易替代分散交易，扩大市场，大幅提升买卖双方的匹配效率。平台经济不仅存在着“赢家通知效应”，也存在“跨界竞争效应”。即成熟平台往往倾向于整合更丰富的应用场景，致力于提供便捷高效的商业生态系统，平台不再局限于双边市场，而向多边市场拓展，从而进一步强化了网络外部性。

互联网平台的核心竞争力在于为参与主体提高交易效率以及创造新的价值，而能够实现前述功能的核心在于其掌握的大量数据和核心算法。数字经济的核心在于交易平台的网络化，平台的核心竞争力则来自数字化。因为数字技术和大数据算法的支撑，借助收集到的海量数据，数字时代的平台获得了传统线下平台所没有的核心竞争力。传统的生产要素在融合了大数据以及匹配大数据的计算能力之后，配置效率得到系统性提升。借助数字技术以及平台所吸引的众多用户，互联网平台经营者掌握了海量的数据资源，这些数据承载着用户的能力、意愿等诸多用户决策相关信息。基于此，在人工智能算法与数字技术等的辅助下，互联网平台经营者便可以克服信息不对称而获得强大的市场预测力，更为高效地开展商品生产、销售、定价等生产经营活动。

# 第三章　互联网平台主要功能及其分类分级

**本章要点**

从经济学意义来看，互联网平台具有网络交叉外部效应，即在线平台利用互联网新技术打破了时空的限制，为参与主体提供了通过核心交互创造价值的空间和机会。

同时，互联网平台具有规模效应和范围效应，可以充分发挥规模经济、范围经济优势，以集中交易替代分散交易，扩大市场，大幅提升买卖双方的匹配效率。

目前，互联网平台分类分级的法规或政策尚未统一，中国、欧盟以及美国根据各自互联网平台发展阶段和当前监管需要对互联网平台进行分类分级。

## 第一节　互联网平台的主要功能

从产品的角度来看，日常使用频率较高的在线购物、社交消息、语音电话、扫码支付、在线外卖、网约车等新兴互联网产品以及商业模式是近十几年才慢慢兴起的，特别是随着移动互联网的发展，由网页版（PC）向应用（App）逐渐转移之后才快速发展的。下面从产品的视角来分析，将互联网平台视作一个产品来看互联网平台的主要功能。开发一个产品的前提是寻找用户的需求（产品定位），并通过信息架构以及完成产品交互设计之后实现产品的上市，满足目标用户的需求，从而实现产品的商业价值。

## 一、基础需求满足功能

互联网平台作为一种特殊的产品集合形态，其在诞生之初就是为了满足特定用户的基础需求，这种基础需求并非在互联网时代所特有的需求，而是线下长期固定的需求。从消费者个人用户角度来说，这类基础需求就是消费者的长期固定需求，即吃、住、行、游、购、娱。作为参与平台之中的其他经营者，其最基础的需求就是参与互联网平台商业活动并实现其商业闭环从而实现商业盈利，如品牌商参与的目的是实现广告推广，销售商参与的目的是实现产品销售并获得商业利润。

以电商为平台为例，其满足双边市场主体（销售商和消费者）不同基础需求的方式是商品的买卖交易。在电商平台出现前，传统的商品买卖发生在实体店铺。在电商平台逐渐进入生活之后，原来发生在线下实体店铺的商品交易部分环节被转移到互联网平台，即前期商品查看、达成交易以及支付等环节均发生在线上，而实际交付和售后服务等少数无法线上实现的环节依旧发生在线下。电商平台的主要功能仍旧是满足买卖双方商品交易的基础需求，只不过满足传统基础需求的方式随着互联网技术的发展而发生了变化。

以在线外卖平台为例，其满足双边市场主体（餐厅和消费者）不同基础需求的方式是餐饮服务。在线外卖平台出现之前，传统的餐饮服务发生在实体餐厅。在线外卖平台逐渐进入生活之后，原来发生在线下实体餐厅的餐饮服务部分环节被转移到互联网平台，即前期餐品选择以及支付等环节均发生在线上，而餐饮制作、送餐上门和实际交付等少数无法线上实现的环节依旧发生在线下。

## 二、新增需求创造功能

互联网平台在满足特定用户的基础需求之后，往往在产品演化或形成平台生态之后，能够创造或产生新的市场需求并实现商业闭环，尽管有时这种新的需求并非平台这类产品设计者所能预计的。因为随着互联网技术的发展以及参与平台生态主体的多元化，往往产生新的商业模式以及诞生新的商业需求并促进平台商业模式生态化和多样化。

以电商平台为例，其满足双边市场主体（销售商和消费者）商品买卖交易基础需求之后，还开发出新增市场需求。一是快递行业。因为实体商品需要线下实际交付，而实体商品异地交付催生或促进了快递行业的快速发展。随着电子商务交易额的逐步增加，快递行业企业规模和营业额也快速提升。二是第三方在线支付行业。在电商平台出现前，线下交易往往使用现金或银行票据付款。为了解决网络交易的信任以及担保问题，电商平台直接催生了第三方在线支付行业，第三方支付机构随着电子商务交易额的日益增加而快速增加。三是代理运营商、广告代理、MCN机构、带货主播等其他商业主体。随着直播带货商业模式的兴起，MCN 机构以及网络主播等市场主体出现并飞速发展。

以网约车平台为例，其满足的是双边市场主体（承运商和消费者）城市内客运服务基础需求。网约车上线之初，仅连接城市出租车司机与消费者并实现两者之间承运服务交易的达成。随着网约车业务的逐渐发展，在线网约车还开发出新增市场需求。一是私家车承运服务。符合一定条件的私家车司机在获得网约车司机执业许可以及车辆许可之后，可通过网约车平台实现商业化运营。二是顺风车业务。网约车平台将顺风车车主与消费者连接并提供相关服务。三是租车服务、银行贷款、保险等其他商业模式。网约车商业模式的兴起催生了与之相关的关联行业的发展，租车服务、银行贷款、保险等行业也获得新的商业需求和新的商业机会。

## 三、商业模式创新功能

从一个产品的视角看互联网平台，为迅速获得产品用户，作为互联网平台的产品在导入期往往采取免费模式，有时是单边免费模式，有时是双边免费模式，有时是基础功能免费模式，有时是全部功能免费模式。互联网平台通过免费模式在短时间内获得用户的使用，而基于双边市场的网络效应，一方市场主体是另外一方市场主体的客户，一方数量的增加不仅为另外一方带来价值，也使互联网平台产生新的商业模式。互联网平台的商业模式是通过产品和服务获取用户，把用户变成自己的“粉丝”，然后通过跨界整合资源为用户提供更好的用户体验，形成有黏性的用户平台后再寻找营利模式。有了用户（“粉丝”）之后，互联网平台在其生态系统内形成流量。互联网平台商业模式是建立在用户所形成的流量变现基础之上的。

根据2011年中国工业和信息化部发布的《互联网服务统计指标　第1部分：流量基本指标》的规定，流量是应用服务商用来统计用户行为的方式，其基本指标包括独立IP地址数、独立访客数、页面浏览量、访问次数和访问时长。换言之，流量经济就是注意力经济，而互联网平台是基于用户的注意力或者用户流量来创新商业模式，主要表现为广告、会员服务、佣金以及增值服务等。

## 四、价值放大效应功能

尽管传统线下平台也具有网络效应、规模效应以及范围效应，但在互联网平台领域前述效应所创造的价值通过新技术、新模式得到放大。

与传统经济的网络外部性不同的是，互联网平台上的网络外部性特指平台上一方用户的数量将影响平台对于另一方用户的价值。数字时代平台经济最重要的特质就在于网络外部性借助数字技术打破了时空的限制，得到了最大程度的发挥。互联网平台整合了丰富的应用场景，致力于提供一个便捷高效的商业生态系统，平台也就不再局限于双边市场，而向多边市场拓展，从而进一步强化了网络外部性。

以某平台生态系统为例，该平台生态是某公司打造的一套由硬件、软件、服务和内容组成的完整生态系统。它的优势不仅在于产品本身的高质量，更在于某公司凭借其独一无二的封闭性生态所形成的巨大优势。平台每一款产品都具有出色的性能和无与伦比的功能。另外，从软件来说，操作系统均有互动性和联动功能，以及强大的云服务。这意味着在一台设备上的所有文件和数据都可以轻松地在另一台设备上使用。再加上自动连接、隔空投送等独特功能，该设备的生态系统可以成为工作和娱乐的统一平台，同时该平台生态只能在该产品上运行，具有极强的封闭性。

互联网平台可以充分发挥规模经济、范围经济优势，以集中交易替代分散交易，拓展市场，大幅提升买卖双方匹配的效率。因为市场拓展，它可以深化分工链条，提升生产效率，降低产品或者服务的供应成本；同时，因为聚集了大量的消费者，它还畅通了信息流通的渠道，使得消费者议价能力显著提升，消费者福利得以增进。

## 第二节　互联网平台的分类分级

### 一、连接属性与功能分类和核心服务类型分类

根据国家市场监督管理总局发布的《互联网平台分类分级指南（征求意见稿）》（以下简称《指南》），对互联网平台进行分类需要考虑平台的连接属性和主要功能。其中，互联网平台的连接属性是指通过网络技术把人和商品、服务、信息、娱乐、资金以及算力等连接起来，由此使得平台具有交易、社交、娱乐、资讯、融资、计算等功能。《指南》依据互联网平台的连接属性和主要功能，将平台分为六大类（见表 3–1）。

表 3–1 《指南》对平台的分类

| 平台类别 | 连接属性 | 主要功能 |
| --- | --- | --- |
| 网络销售类平台 | 连接人与商品 | 交易功能 |
| 生活服务类平台 | 连接人与服务 | 服务功能 |
| 社交娱乐类平台 | 连接人与人 | 社交娱乐功能 |
| 信息资讯类平台 | 连接人与信息 | 信息资讯功能 |
| 金融服务类平台 | 连接人与资金 | 融资功能 |
| 计算应用类平台 | 连接人与计算能力 | 网络计算功能 |

同时，《指南》将表 3-1 中六大平台分别根据对应业务予以细化，如将网络销售类平台细分为综合商品交易类、垂直商品交易类和商超团购类互联网平台。

欧盟和美国主要依据核心服务类型对互联网平台进行分类，如欧盟将在线平台分为在线中介服务、在线搜索引擎、在线社交网络、在线广告服务、虚拟助理、云计算等；美国将在线平台分为在线商业、社交媒体、搜索引擎、数字广告、语音助理等。

综上所述，美国、欧盟、中国对于互联网平台的分类如图 3-1 所示。

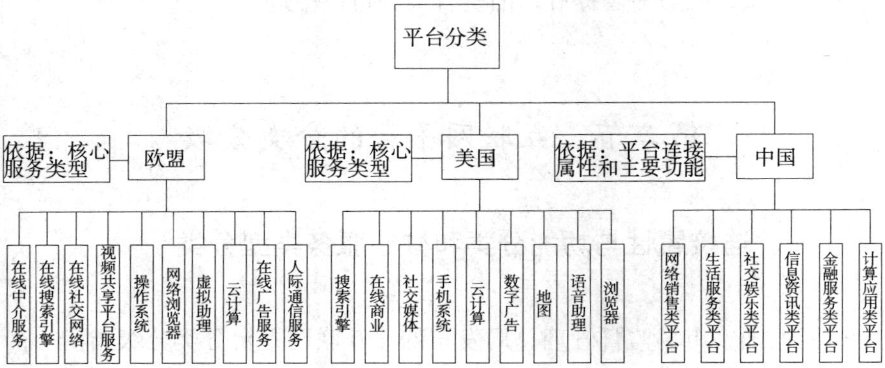


**图 3-1　美国、欧盟、中国对于互联网平台的分类**

## 二、数据指标体系下的平台分级

国家市场监督管理总局以《指南》对平台进行分级，主要从用户规模、业务种类、经济体量以及限制能力等多维度将平台分为超级平台、大型平台以及中小平台。根据《指南》相关内容整理的互联网平台分级标准及超级平台主体责任如表 3-2 所示。

**表 3-2 中国平台分级标准及超级平台主体责任**

国内平台分级标准

| | | |
|---|---|---|
| 超级平台 | 用户规模 | 在中国的上年度年活跃用户不低于5亿 |
| | 业务种类 | 核心业务至少涉及两类平台业务 |
| | 经济体量 | 上年底市值(估值)不低于10000亿元人民币 |
| | 限制能力 | 具有超强的限制商户接触消费者（用户）的能力 |
| 大型平台 | 用户规模 | 在中国的上年度年活跃用户不低于5000万 |
| | 业务种类 | 具有表现突出的平台主营业务 |
| | 经济体量 | 上年底市值（估值）不低于1000亿元人民币 |
| | 限制能力 | 具有较强的限制商户接触消费者（用户）的能力 |
| 中小平台 | 用户规模 | 在中国具有一定的年活跃用户 |
| | 业务种类 | 具有一定业务 |
| | 经济体量 | 具有一定的市值（估值） |
| | 限制能力 | 具有一定的限制商户接触消费者（用户）的能力 |

超级平台主体责任

| |
|---|
| 1.公平竞争示范：不得使用商家非公开数据、不得捆绑服务 |
| 2.平等治理：不得自我优待 |
| 3.开放生态：与其他平台服务互有操作性 |
| 4.数据管理：数据依规使用确保安全 |
| 5.内部治理：加强内部合规 |
| 6.风险防控：非法内容和侵害消费者权益防控等 |

根据欧盟《数字市场法》（DMA）、《数字服务法》（DSA）相关规定，欧盟从营业额、市值以及用户数等多方面定义了“守门人”平台和“非守门人”平台。根据《数字市场法》《数字服务法》相关内容整理的互联网平台分级标准如表 3-3 所示。

**表 3-3 欧盟平台分级**

| | | |
|---|---|---|
| 分级 | “守门人”和“非守门人（《数字市场法》）” | 营业额：最近三个财政年度营业额至少为 75 亿欧元 |
| | | 或市值：最近一个财政年度市值至少为 750 亿欧元 |
| | | 用户：最近三个财政年度中，至少有 4500 万名月活跃用户和 1 万名年活跃用户 |
| | 超大WF台和其他（《数字服务法》） | 在欧盟境内的平均月活跃用户超过 4500 万名 |
| | | 且被委员会认定为超大在线平台的特殊平台 |
| 分级依据 | 《数字市场法》定义的守门人概念：对国内市场有重大影响，提供的核心平台服务是商家接触终端用户的重要渠道，已经拥有或可以预期即将拥有稳固、持久的市场地位 | |
| | 《数字服务法》：平台规模 | |
| 分级的目的 | 创造公平和竞争的数字环境，避免大型网络平台获得优势地位，保护中小公司和消费者权益 | |

续表

| | | |
|---|---|---|
| 《数字市场法》规定的超级平台的具体义务 | 积极义务 | 确保退订平台的核心服务与预订一样简单 |
| | | 确保即时通信服务的基本功能是互通的，即让用户能够在不同的通信应用中交换信息、发送语音信息或文件 |
| | | 应为在其平台上做广告的公司提供必要的工具和信息，以便用户对广告进行独立验证 |
| | | 让企业用户能够访问在平台上的营销或广告业绩数据 |
| | | 向欧盟委员会通报收购和兼并情况 |
| | 消极义务 | 不能将自己的产品或服务排在比别人更高的位置（自我推荐） |
| | | 不能预先安装某些应用程序或软件，或阻止用户轻易取消安装这些应用程序或软件 |
| | | 不能要求在安装系统时默认安装最重要的软件（如网络浏览器） |
| | | 不能阻止开发者使用第三方支付平台进行应用销售 |
| | | 不能为另一项新服务的目的重新使用在前一项服务中收集的私人数据 |
| 《数字服务法》规定的超级平台的具体义务 | 中介服务提供者的义务 | 仅传输（管道服务提供者） |
| | | 仅缓存、及时处理（缓存服务提供者） |
| | | 及时删除、举报响应、解释说明（托管服务提供者）（在线平台属于托管服务提供者） |
| | | 建立联络机构、指定法定代表、政策条款、内容方案例透明度报告（上述三种中介服务提供者） |
| | 超大在线平台的特殊合规义务 | 至少每年一次系统检查，材料至少留存三年 |
| | | 每年至少一次独立审计 |
| | | 每个推荐系统至少提供一个不基于用户画像的选项 |
| | | 在线页面公开披露广告资源信息 |
| | | 向监管机构提供审查所需的数据访问权限 |
| | | 聘用独立于运营职能的合规人员 |
| | | 定期发布平台透明度报告、人力资源情况说明，就审计报告提供风险评估报告 |

美国从用户数和市值等维度将平台区分为主导平台和非主导平台。根据美国现有法案草案整理相关分级如表 3-4 所示。

**表 3-4　美国平台分级**

| 分级 | 主导平台和非主导平台 | 备注 |
|---|---|---|
| 分级依据 | 无通行标准，依具体法案中“法律适用”或“本条款适用”对平台规模做一些表述 | —— |
| 分级的目的 | 监管主导平台 | —— |

续表

| 分级 | 主导平台和非主导平台 | 备注 |
|---|---|---|
| 对超级平台的具体义务 | 规制平台自我优待 | 《美国选择和创新在线法案》草案 |
| | 主导平台的运营者在拥有或控制某个主导平台的同时，经营与之有利益冲突的业务将会被视为非法行为 | —— |
| | 规范数据可迁移与互操作性 | 《ACCESS 法案》草案 |
| | 针对主导平台的并购行为，防止“猎杀式”并购 | 《平台竞争和机会法案》草案 |
| | 价值超过 10 亿美元的并购案向美国联邦贸易委员会（FTC）和美国司法部（DOJ）反垄断司申请审议的费用将会提高 | 《并购申请费的现代化法案》草案 |

## 三、不同法域下平台分类分级规则的简要比较

通过对比中国、欧盟以及美国现有法案（含草案）对于互联网平台的分类分级可得出以下基本认识。

共同点：一是各方通过共同的手段界定超级互联网平台，为其设定额外义务，对平台进行分类分级的主要目的是监管超级互联网平台。因近年来超级互联网平台的发展给各国监管带来的较大压力，故各国先后通过正式立法以及法案草案等形式对超级互联网平台加强监管。二是各方共同关注的行为是数据垄断、自我优待、互联互通等平台竞争问题。互联网平台的核心竞争优势是对新兴生产要素数据的掌握和使用，故各方着重关注数据使用、数据垄断等问题，同时因超级互联网平台的出现，随之引发的自我优待、互联互通等竞争问题逐渐进入监管部门视野并引发强烈关注。

不同点：一是中国以《指南》形式设定义务,《指南》并非法律法规，而是政策性指导文件，并未设定相关罚则，行政处罚仍旧适用具体专门法，分类考虑平台的连接属性和主要功能，分级重点考虑用户数和市值（不考虑销售额），除规制超级互联网平台外，还对大型互联网平台进行规制。二是美国通过专门法律法案（起草中）重点规制超级平台垄断行为，分类考虑平台提供核心服务类型，分级重点考虑销售额或市值。三是欧盟对超级平台已出台具体法规（将欧盟所在地平台排除在外），分类考虑核心服务类型，分级考虑市值或“营业额门槛 + 用户数”。

# 第四章　互联网平台的商业模式

### 本章要点

互联网平台主要收费模式有佣金（差价）模式、广告流量变现模式、基础功能免费＋增值服务收费模式等，其中广告流量变现模式是最常见的商业模式。

与提供某一种具体产品或服务的传统企业不同，互联网平台企业是以运营用户为核心的商业模式，当其拥有巨量用户后，就可以十分顺畅地进入其他行业。跨行业进入、跨市场竞争是互联网平台竞争的突出特点。

## 第一节　互联网平台的主要收费模式

早期的中国互联网并没有清晰的营利模式，大家都在摸索尝试，很多靠卖广告勉强维持生计。另外，从收费对象角度来划分，互联网行业主要收费模式又分为直接收费和间接收费，直接收费就是直接面向用户收费，间接收费就是对直接用户免费，对第三方商户收费。直接收费模式的代表有自营型电商、网游、增值收费等，间接收费模式的代表主要是广告。具体而言，互联网平台的主要收费模式可概括为以下几种。

### 一、佣金（差价）模式

互联网平台的本质特征之一是中介的网络化。通过互联网中介提供的网络空间和网络工具，各类主体、资源得以集中，原本无法实现的交易价值得以实现。同时，通过互联网平台规则，互联网中介可以帮助塑型交易搜寻、议价与履行的方式，节约交易成本。互联网平台经济的运行关键就在于互联网平台成为经济活动组织的核心中介力量，在于交易平台的网络化。以某电商平台为例，消费者在平台上面搜索了海量的产品，发现了适合自己的产品，和销售商家进行交流，此时和店铺服务人员交流的目的是了解这个产品的完整信息，从而形成订单完成这一笔交易。在该交易过程中，电商平台并不会对消费者收取费用，而是对销售商家基于产品交易额收取一定的佣金从而实现商业模式的营利。再以某某电商平台为例，其存在自营模式和第三方商家模式，在其自营模式下，某某电商平台通过采购供应商商品并在平台进行销售，此时某某电商平台所实现营利模式是产品进销差价。

## 二、广告流量变现模式

广告是互联网领域的主要营利模式。互联网最早出现的广告形态是条幅广告，早期门户网站和个人网站主要靠条幅广告创收，后来出现了文字链的形式，直到搜索引擎推出广告竞价模式，这种以关键词搜索点击付费的广告模式逐渐成为互联网的主流广告模式，也是广告模式中最具营利能力的模式。此后，电商平台也陆续采用了这种网络竞价推广模式，同时出现了以互联网广告联盟聚合网络广告资源并采取和网站分成来形成营利模式。再到后来的视频、音频媒体形态的出现，以及近期自媒体形态的出现，随之出现了视频、音频以及自媒体广告模式。

## 三、基础功能免费 + 增值服务收费模式

基础功能免费 + 增值服务收费，即先用免费的产品和服务吸引用户，抢占市场份额和用户规模，再通过增值服务或其他产品收费。在互联网平台生态体系内里，通过基础功能免费 + 增值服务收费的模式可以打造一个完整的生态闭环模型。一般情形下，更高级的功能体现为会员

特权、虚拟道具等。以某平台为例，用户在某平台上其实不是买东西，也不是说它一定要吸引粉丝，而是用户通过某平台完成即时的文字、语音和视频的聊天。但某平台开发一些衍生产品，如某平台的钱包功能，通过资金本身的沉淀以及收取转账费用，可以获取收入。另外，某平台还可以通过销售各种各样的表情包等增值服务来获取收入。再以游戏为例，国内网游行业营利模式从先期的售卖点卡，到开启免费玩游戏而靠售卖道具营利的模式后，网游行业步入道具营利模式，同时伴随广告植入营利模式。

## 第二节　互联网平台竞争的主要特点

互联网平台在21世纪得到了长足发展，网络已经渗透人们生活的方方面面，网购、直播、短视频、电子商务、网上银行、在线娱乐等，基于互联网平台的产品越来越多。现阶段，电商平台主要满足消费者对于线上购物的需求，网约车平台主要满足消费者的出行需求，外卖平台主要满足用户对于餐饮的需求，等等。此外，小程序、公众号和订阅号也经营了相关电商业务。与此同时，拥有海量用户的社交平台也对电商业务进行了布局。种种商业现象表明，电商平台的边界趋向模糊。

### 一、互联网平台的主要商业模式

互联网平台的典型发展模式主要有以下几方面。

#### （一）第三方平台前期大量补贴亏损、后期提高价格获利

在第三方平台发展初期，为扩大供应商和用户双边群体，取得规模效应和网络效应，经营者普遍放弃传统行业中边际成本定价模式，采用高额补贴供应商和客户的发展策略，通过前期适度亏损获得用户和长期补贴取得市场优势地位后，再在适当时机通过提高价格实现盈利。

### （二）自营平台长期补贴用户

在自营平台发展初期，取得规模效应，经营者普遍放弃传统行业中边际成本定价模式，采取低收费、免费甚至补贴定价策略，即常采用补贴将商品价格直接低于成本进行推广。

在自营平台进入市场初期，因市场中竞争对手较多，竞争激烈，各家平台低价竞争若仅对本市场竞争者产生影响，则被认定低价倾销的风险较小，一旦对其他市场产生较大负面竞争影响，引起社会舆论关注和监管关切，则上述模式被认定低价倾销的风险较大。

### （三）第三方平台的长期交叉价格补贴

第三方平台向供应商免收基础服务费，通过将收取的增值服务费和融资长期大规模补贴（含资金、流量、广告位等资源支持）供应商，供应商得到平台补贴而开展促销从而以低于自身成本的价格销售商品。典型模式的代表是某购物平台通过免除开店基础服务费并向部分供应商（或用户）直接补贴，使得供应商以低于产品成本的价格销售商品，在用户中树立低价的印象，并在与其他电商平台竞争中通过高额补贴获取竞争优势，得以迅速扩展用户数量和供应商数量，待用户和供应商规模达到一定数量时，再通过向其中部分供应商收取高额广告费用营利。

## 二、互联网平台商业竞争的主要特点

综上所述，与提供某一种具体产品或服务的传统企业不同，互联网平台企业是以用户为核心的商业模式，当其拥有巨量用户后，就可以十分顺畅地进入其他行业。跨行业进入、跨市场竞争是互联网平台竞争的突出特点。电子商务企业尤其是互联网平台企业双边市场具有以下几个业务特点。

一是单边市场的价格或者价值是由双边市场中对方市场决定的。双边市场是指具有两个不同客群的经济平台，这两个客群能互相提供网络利益，即平台能够向不同客群定价的基础在于对方客群的规模和依赖性。平台的基本特征是用户之间存在网络效应，网络中的用户数量越多，用户的收益也越大，从而对用户的吸引力就越大。正是网络效应的自我加强机制，导致平台用户规模的急速扩张。一般情况下，双边市场采用单边免费定价策略，其中一方的客群可以免费使用此平台，以吸引另一方客群的加入。即使在单边免费定价策略下，平台对于收费端定价的基础仍是免费端客群的规模和对平台的依赖性。

二是双边市场规模扩展是平台企业的发展基础。在工业社会物质产品生产过程中，边际效益随着生产规模的扩大会显现出递减趋势，因为传统的生产要素——土地、资本、劳动都具有边际成本递增和边际效益递减的特征。与此相反，平台企业却显现出明显的边际效益递增性，即平台企业高的固定成本和低的边际成本。经营者先以其作为业务核心的免费产品/服务吸引客户，再基于免费产品/服务积累的用户资源提供收费的增值服务和广告服务，由此形成综合化信息平台，从中营利。平台只有实现最低网络规模，达到基本用户规模后，才能够在网络效应的作用下实现自我增长，而最终实现盈利的基础则是双边市场用户的参与规模。

三是“免费+收费”的交叉补贴定价策略是双边市场的通用模式。发展初期竞争激烈，平台为了争夺用户会降低利润，甚至对用户进行补贴。为实现快速获取用户并取得规模效应，经营者普遍放弃传统行业中边际成本定价模式，采用“免费+收费”的定价策略。互联网平台企业向平台一边的市场主体（如网民）提供免费的基础服务和收费的增值服务，向平台另一边的市场主体（如广告商）收取费用。在平台企业这种交叉补贴定价策略下，网民付出的成本由“可以客观估计的收费价格”变成了“难以衡量的被迫收看的广告”。

四是用户锁定效应导致平台集中度较高。锁定是网络经济的运行规律之一，网络用户切换成本的高低决定了锁定效应的大小。规模较大的平台相对于规模较小的平台具有明显优势，先进入行业的平台具有先发优势，随着平台之间的竞争加剧，行业中平台企业数量往往会迅速减少。因为网络效用的作用是双向的，当用户增加的时候平台规模会加速扩张，而当用户减少的时候也会导致平台规模急速萎缩，很快被淘汰。比如社交平台，因为转化成本是极高的，所以锁定效应就会比较明显。因为锁定效应的存在，导致互联网行业存在所谓的“721 规则”，即行业的领先者占据 70%的市场份额，行业第二占据 20%的市场份额，剩下 10%市场份额由其他规模较小的公司瓜分。

五是平台之间的竞争主要是对用户的竞争，具有一定规模用户的平台企业可以较容易地开展跨行业竞争。平台只要拥有巨量用户后，就可以十分顺畅地进入其他行业。在平台经济的发展初期，每个平台都有大量的持续新增用户。这个时期平台之间竞争激烈，但都能够获得用户，都能够实现利润增长。但当互联网平台的用户数量达到一定规模后，再想继续高速增长就很难了。此时对于平台而言，最大的改变是必须要跨界竞争或跨市场竞争，对于具有规模用户的平台企业能够容易地开展跨行业竞争，从而开启另外一个增量市场。

# 第五章　互联网平台风险管理及法律责任

**本章要点**

根据风险来源和级别配置合规力量与风险管控手段和策略，并通过全过程风险控制体系实施风险控制均衡治理，有利于互联网平台主体风险控制。

互联网平台具有独立的市场经营主体、平台生态管理者、被监管对象、社会系统组成者等多重身份角色，并同时兼具多重任务和目标。

互联网平台履行多重身份义务时，因各种行为可能引发不同的法律后果，承担民事法律责任、行政法律责任以及刑事法律责任。

## 第一节　主体视角下的互联网平台风险控制

### 一、多重主体角色下的互联网平台经营者

根据《指南》的定义，互联网平台经营者是指为双边或者多边市场主体进行交互提供网络空间、信息发布、交互规则等平台服务的法人及非法人组织。互联网平台经营者具有多重身份。

根据互联网平台经营者的定义和互联网平台的本质、功能以及其在平台经济生态系统中所扮演的不同角色，大致可将互联网平台经营者身份区分如下。

市场经营者角色：互联网平台经营者设置目的是获取合法利润，追求利润最大化。尽管在平台经营初期可能会出现免费甚至补贴的商业模式，作为市场经营者，但无论是单边收费或双边收费以及通过交叉补贴

等方式，互联网平台经营主体其本质上属于普通的市场经营者，通过市场正常经营获取商业盈利仍是其本质属性。

生态管理者角色：作为互联网平台经济的核心，平台经营者除了追求利润最大化之外，还负有平台生态建设和生态管理的责任，即保持平台生态系统健康发展，各参与主体能够持续经营获利。互联网平台经营者作为生态管理者的主要工作不仅包括制定多种多样的平台规则，为市场主体交互提供相关依据，还包括依据平台协议和平台规则对平台内参与主体的违规行为进行处置等。

被监管者角色：随着平台经济的发展，平台经营者不可避免成为政府重点监管对象，特别是平台在产生较大正面价值的同时，也出现了一些特有的问题，如垄断、不正当竞争、数据安全与个人信息保护、灵活用工劳动保护、流量分配、广告收费、虚假广告、假货、消费者保障以及自我优待等。越来越多的政府监管部门将平台经济的监管重点指向平台经营者，期望通过压实平台经营者主体责任来实现对平台内经营者的监管，即平台承担了协助政府监管的角色。

社会系统组成者：尽管互联网平台作为一个商业组织，其本质属性是建立合理的商业模式并获取商业盈利，但从社会学角度来看，互联网平台本身属于社会系统的一部分，其社会目标是获得社会认同和公众尊重，面临的主要风险是负面新闻等舆情发酵带来的平台品牌价值的损失。

## 二、互联网平台法律风险

互联网平台法律风险主要类型解构分析如下。

一是根据风险来源划分，平台经营者风险大致可分为经营风险、管理风险、监管风险以及社会风险。其中，经营风险主要源于民事合同违约以及民事侵权风险，如未履行与入驻平台的市场主体所签署的合同（或平台协议）等。管理风险主要源于互联网平台经营者未按照已公开发布的平台规则对参与平台活动的其他市场主体进行管控并进行处置，侵犯其他经营者合法权益。监管风险主要源于平台经营者作为市场主体违反现有行政法律法规所引发的行政处罚风险。社会风险主要源于平台品牌以及负面舆情所带来的品牌价值损失。

二是根据风险性质划分，互联网平台风险可分为底线风险（如违反安全保障义务）、红线风险（违反现有法规规定）、相应风险（虽无明确法定义务但基于社会考虑需主动开展风控）。其中，触发底线风险可能给参与市场主体如消费者带来较大人身损害或财产损失。例如，电商平台未尽到安全保障义务，导致缺陷产品流入消费者手中。红线风险主要是源于法律法规所明确禁止的行为，如违法收集用户隐私信息等。相应风险可理解为违反现有法规兜底条款的风险，以电商禁止销售产品为例，现有法规并无法穷举禁止销售产品，但前述产品会给消费者带来较大风险，而销售前述商品则面临相应风险。

三是按照风险所造成的影响程度来划分，互联网平台风险主要可分为系统性风险、偶发性风险、常规性风险。其中，系统性风险属于整体性风险，不体现在具体产品以及具体产品功能方面，一旦发生，无法做到风险隔离。偶发性风险主要是基于现有技术能力和管理能力无法避免的风险，以电商平台为例，面对平台上数量众多的商品信息，即使发布时经过机器和人工审核以及日常巡查，但也可能产生虚假宣传等信息，这就属于偶发性风险。常规性风险则属于互联网平台所日常面临的经营性风险，如竞争合规风险以及数据合规风险等。

综上所述，互联网平台风险体系如表 5-1 所示。

**表 5-1　互联网平台风险体系**

| **身份** | 市场经营者 | 生态管理者 | 被监管者 | 社会系统组成者（之一） |
|---|---|---|---|---|
| **目标** | 合法地追求最大利润 | 合规地保持生态系统健康、秩序稳定 | 依法经营，配合监管 | 最小成本获得公众尊重和认可 |
| **责任** | 经营责任 | 管理责任 | 配合监管责任 | 社会责任 |

续表

| | | | | |
|---|---|---|---|---|
| **主要风险** | 违约（合同、协议） | 违规（有规则，违反平台规则管理） | 经营行为<br>违法违规 | 舆情发酵 |
| | 侵权 | 滥用管理权（无规则进行管控） | 管理行为<br>违法违规 | 品牌价值损失 |
| | 其他 | 其他 | 其他 | 引发监管 |
| **判定标准** | 合同条款 | 有无平台规则 | 监管相关<br>法律法规 | 普通用户<br>个人道德 |
| | 影响对象：其他主体 | 规则是否公平、合理、无歧视 | 监管规范性文件 | 公序良俗 |
| | 行为后果：对其他主体造成的风险或损失 | 对被管理对象的影响：商家、用户 | 监管通知 | 社会正向价值观 |
| **主要后果** | 赔偿 | 撤销管理措施 | 约谈要求整改 | 品牌价值下降 |
| | 支付违约金 | 赔偿 | 处罚并公告 | 市场份额下降 |
| **解决途径** | 协商 | 协商 | 前：合规先行，产品无害 | 公益活动 |
| | 仲裁 | 仲裁 | 中：提前发现，主动合规 | 采取环境保护措施 |
| | 诉讼 | 诉讼 | 后：积极整改，降低影响 | 提升企业价值观 |
| **风险性质** | | | | |
| 底线风险 | | 红线风险 | | 相应风险 |
| 安全保障义务 | | 遵守监管法规义务 | | 自行参照<br>执行义务 |
| 生产安全 | 人员安全 | 现有法规<br>已有规定 | 现有法规并无明确规定，但有文件和通知 | 对于新产品或功能并无明确规定和监管具体要求 |
| 网络系统运行安全 | 公司违反刑法，人员承担责任 | 如数据安全、个人信息保护、未成年保护 | 如算法和隐私数据使用、新技术应用 | 主体资质核验、信息上报等 |

## 三、风险控制均衡治理观下的平台分层分级风控管理体系

首先，要建立科学理性的风险控制均衡治理观。针对前述互联网平台风险多元化和复杂化的特点，对于平台风险需要根据互联网平台所处发展阶段、政策法规趋势以及外部监管要求等多个因素开展综合治理。

故在对平台主体风险进行分层分级管控的背景下，应根据风险来源和级别配置合规力量与风险管控手段和策略，有重点有策略地配置管理力量，统筹开展风险控制工作以及开展处置动作和实施处置措施。

其次，搭建科学合理的平台风险管理体系对平台治理具有重要的意义。风险控制均衡治理观所对应的风险治理体系为全过程风险控制体系。全过程风险控制体系可简单表述为：风险发现—风险分级—合规标准—管控策略—风险巡查—输出线索—优化管控措施。

最后，在做风险管控时还需要对风险进行分类分级。在具体风险治理或管控过程中，一般情况下，会将风险进行分类分级，对不同的风险采取对应的管控措施。另外，在实际风险管控过程中，应确定实际管控流程，如可将管控流程区分为事前（确定相关标准）、事中（根据规则处置风险）、事后（事后反馈完善），还可以根据风险控制情况实施风险巡查，即开展补缺（查漏防情形）、找新（查找新增相关风险点）、堵漏（前期管控盲区）。

互联网平台风险控制体系如图 5-1 所示。

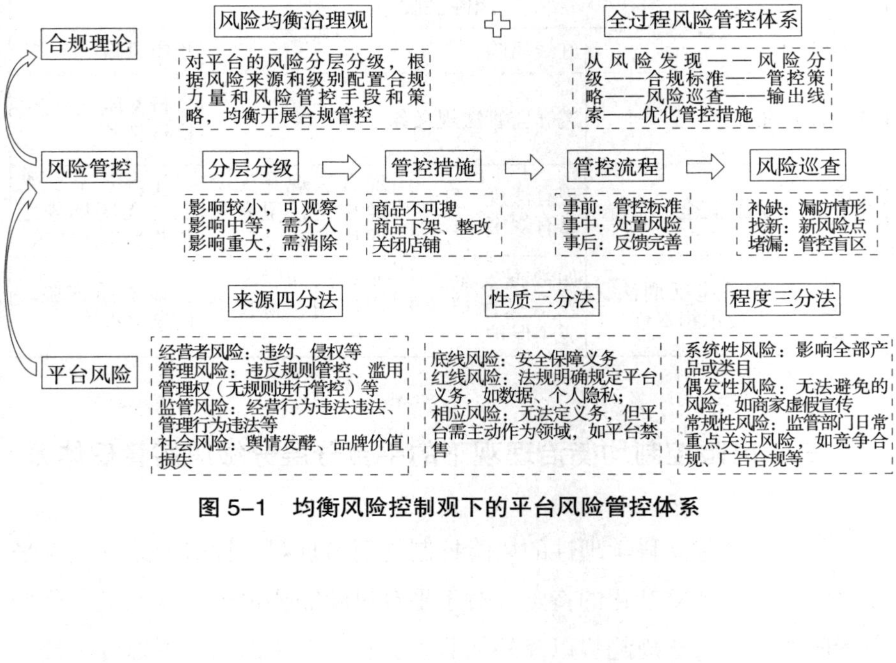


**图 5-1　均衡风险控制观下的平台风险管控体系**

# 第二节 互联网平台的法律责任

法律责任是法律主体（含法人）未依法履行法定义务所应承担的法律后果。承担法律责任的基本逻辑为：法律主体—具体行为—行为违反法定义务—依法承担法律责任。

## 一、互联网平台承担法律责任的类型

按照性质来区分，法律责任大致可分为民事责任、行政责任、刑事责任。互联网平台作为法人单位，承担民事责任、行政责任和刑事责任的关系如下：法律主体因同一行为应当承担民事责任、行政责任和刑事责任的，承担行政责任或者刑事责任不影响承担民事责任；法律主体的财产不足以支付的，优先用于承担民事责任（《民法典》第一百八十七条）。

### （一）民事责任

民事责任是民事主体未依法履行民事义务所应承担的法律责任。平台是具有民事权利能力和民事行为能力，依法独立享有民事权利和承担民事义务的组织。《民法典》第一百七十九条规定："法人承担民事责任的方式如下：（一）停止侵害；（二）排除妨碍；（三）消除危险；（四）返还财产；（五）恢复原状；（六）修理、重作、更换；（七）继续履行；（八）赔偿损失；（九）支付违约金；（十）消除影响、恢复名誉；（十一）赔礼道歉。法律规定惩罚性赔偿的，依照其规定。"该条规定承担民事责任的方式，可以单独适用，也可以合并适用。

根据《民法典》的相关规定，民事责任主要分为以下三类。

（1）违约责任。一方不履行合同义务或者履行合同义务不符合约定的，需依法承担继续履行、采取补救措施或者赔偿损失等违约责任。

违约责任承担原则是当事人约定原则，采用协商、仲裁以及诉讼等方式解决（对违约责任没有约定或者约定不明确的，受损害方根据标的的性质以及损失的大小，可以合理选择请求对方承担修理、重作、更换、退货、减少价款或者报酬等违约责任）。

（2）侵权责任。民事权益受到侵害的，被侵权人有权请求侵权人承担侵权责任。侵权责任设置依据过错（或法定推定过错）原则：行为人因过错侵害他人民事权益造成损害的，应当承担侵权责任。依照法律规定推定行为人有过错，其不能证明自己没有过错的，应当承担侵权责任（《民法典》第一千一百六十五条）。侵权责任承担的方式主要为停止侵害、排除妨碍、消除危险、经济赔偿等。

（3）违约责任与侵权责任的交叉。《民法典》第一百八十六条规定，因当事人一方的违约行为，损害对方人身权益、财产权益的，受损害方有权选择请求其承担违约责任或者侵权责任。

### （二）行政责任

承担行政责任的方式为行政处罚。行政处罚是指行政机关依法对违反行政管理秩序的公民、法人或者其他组织，以减损权益或者增加义务的方式予以惩戒的行为。承担行政责任的原则为公正公开的原则：公正即设定和实施行政处罚必须以事实为依据，与违法行为的事实、性质、情节以及社会危害程度相当；公开即对违法行为给予行政处罚的规定必须公布；未经公布的，不得作为行政处罚的依据。行政处罚的种类如下：（1）警告、通报批评；（2）罚款、没收违法所得、没收非法财物；（3）暂扣许可证件、降低资质等级、吊销许可证件；（4）限制开展生产经营活动、责令停产停业、责令关闭、限制从业；（5）行政拘留；（6）法律、行政法规规定的其他行政处罚（《行政处罚法》第九条）。

行政责任的承担方式如下。

一是行政处罚。即行政机关对违反行政管理秩序的行为人实施行政处罚，种类可以是上述一种或多种。

二是免于行政处罚。存在法定免于处罚情形的（《行政处罚法》第三十三条），行政机关可以不予行政处罚，主要包括：（1）违法行为轻微并及时改正，没有造成危害后果的；（2）初次违法且危害后果轻微并及时改正的；（3）当事人有证据足以证明没有主观过错的。

三是从轻或者减轻行政处罚。主要涉及以下情形（《行政处罚法》第三十二条）：（1）主动消除或者减轻违法行为危害后果的；（2）受他人胁迫或者诱骗实施违法行为的；（3）主动供述行政机关尚未掌握的违法行为的；（4）配合行政机关查处违法行为有立功表现的；（5）法律、法规、规章规定其他应当从轻或者减轻行政处罚的。

### （三）刑事责任

互联网平台作为刑法意义上的单位，若存在违法经营行为构成犯罪的需要承担刑事责任。承担刑事责任的原则为罪行法定原则，即法律明文规定为犯罪行为的，依照法律定罪处刑；法律没有明文规定为犯罪行为的，不得定罪处刑。单位犯罪的，对单位判处罚金，并对其直接负责的主管人员和其他直接责任人员判处自然人犯罪应承担的相应刑罚。

## 二、承担主体视角下的民事责任

按照承担主体来划分，民事责任可区分为主体责任、补充责任、连带责任、共同责任。

### （一）主体责任

主体责任是作为直接主体（企业或其他）未履行法定义务（或约定义务）需承担的直接法律责任（含合同约定责任）。以产品质量为例，商品生产者是产品质量的第一责任人，商品质量出现问题商品生产者需承担企业主体责任。

### （二）补充责任

补充责任是指多个行为人基于各自不同的发生原因而产生数个责

任，造成直接损害的直接责任人按照第一顺序承担全部责任，承担补充责任的责任人在第一顺序的责任人无力赔偿、赔偿不足或者下落不明的情况下，在能够防止或减少损害的范围内承担相应责任，且可以向第一顺序的直接责任人请求追偿的侵权责任形态。

补充责任的特点：（1）补充责任由法律明确规定或当事人约定。（2）补充责任是两种责任的竞合状态。即基于直接侵权行为的直接赔偿责任和基于违反安全保障义务的侵权行为的补充赔偿责任的竞合。（3）补充责任有一定的范围限制。补充责任并非对全部的责任承担补充清偿义务，在不同的情形下，可能承担补充责任的份额是不一样的，这种份额与过错程度相关。补充责任人的不作为仅是为实际损害结果的发生提供了条件，相对于直接侵权人的过错程度要小很多，补充责任人的责任承担只是为受害人能最大限度地获得法律上的救济。

### （三）连带责任

“连带”的通常理解的语义是互相关联、牵连、附带，隐含着主动与被动之分。在我国的现行法律法规中，如《民法典》等法律条文规定了产生连带责任的行为模式。连带责任是指依据相关法律规定或者当事人协商约定，两个或者两个以上的当事人对共同债务承担全部责任或承担部分责任，并能因此引起其内部债权债务关系发生变化的一种民事责任。根据连带责任产生的原因不同，可以将连带责任划分为法定连带责任和约定连带责任。法定连带责任是指由相关法律法规明确规定，责任人应承担的连带责任。约定连带责任是指当事人之间事先达成协议，相互约定各自承担多少责任的连带责任。区分两者的意义在于责任人最终承担责任份额不同。

### （四）共同责任

作为民事责任的一种，共同责任在民事活动领域常有使用。多人责任可根据每个责任人向权利人按份额承担责任还是承担整体应承担的全部责任为标准，划分为按份责任和共同责任。在共同责任中，如部分责任人不是该责任的最终承担者，此种类型的共同责任是连带责任，因此，连带责任是共同责任进一步推演得出的。

## 第三节　电商平台商品管理法律责任

### 一、商品管理涉及的相关主体

以实际参与主体为例，从商品生产、流通到消费的过程可以分为以下流程并涉及相应主体。

（1）商品生产环节：商品生产者向供应商采购原料按照产品生产标准和流程生产产品并经检验合格准备出厂的阶段，涉及原料供应商、商品生产者、出厂前仓储商等相关主体，还可能涉及品牌商、委托加工方以及实际加工方等。

（2）商品流通环节：生产商将商品通过各级经销商销售到消费者的过程，涉及的主要经营者（主体）包括各级经销商和物流商。

（3）商品使用环节：安装、调试、储存保管、使用等过程，涉及的主要是消费者。

（4）网络交易平台经营者：商家通过网络交易平台发布商品信息，消费者通过网络交易平台生成订单并实现交易。

（5）其他涉及主体：产品质量检验机构、认证机构等社会团体、社会中介机构，还包括第三方支付机构等。

（6）监管部门：商品质量监管部门。

从一般商品来看，从生产者采购原材料经加工成品后，商品通过经销商等传统渠道并结合互联网等新渠道进行销售后流向商品实际使用方即消费者。从商品质量安全的角度，不仅涉及商品生产者，还可能涉及商品流通环节的经销商、销售商以及运输商、平台经营方、监管机构（抽检机构等）、安装方、售后服务方等多个主体，其应承担的商品质量主体责任与其承担的角色和是否存在过错有必然联系。

## 二、商品管理涉及的相关经营主体法律责任

### （一）民事责任

现有法规对产品质量民事责任设定的原则是主体过错归责原则。

主体责任主要是指侵权责任，即商品管理领域相关主体因违反现有法规禁止性义务而承担的民事责任。例如，《产品质量法》第三章第一节规定了产品生产者对其生产的产品质量负责，是产品质量安全第一责任人，并明确了生产者禁止行为，如不得生产国家明令淘汰的产品，不得伪造产地，不得伪造或者冒用他人的厂名、厂址等。《产品质量法》第三章第二节规定了销售者的产品质量责任，主要是不得伪造产地，不得伪造或者冒用他人的厂名、厂址以及不得掺杂、掺假，不得以假充真、以次充好，不得以不合格产品冒充合格产品等。

《产品质量法》第四十一条规定了生产者应当承担赔偿责任的情形为"因产品存在缺陷造成人身、缺陷产品以外的其他财产损害的"，同时第四十二条规定了销售者应当承担赔偿责任的情形为"由于销售者的过错使产品存在缺陷，造成人身、他人财产损害的"。

在商品流通过程中导致商品质量受到影响的，由生产者或销售者根据委托运输合同确定运输方责任。这点体现在《电子商务法》第二十条"电子商务经营者应当按照承诺或者与消费者约定的方式、时限向消费者交付商品或者服务，并承担商品运输中的风险和责任"的规定。

同时，在产品安装过程和使用过程中因安装主体和使用主体原因导致的产品质量问题，应根据安装合同以及使用行为确定相关责任。

### （二）行政责任和刑事责任

行政责任遵循责任法定原则，即必须有法律法规明确设定行政法定义务，而经营主体未依法履行相应法定义务的，才需依法承担法定责任。《产品质量法》第四十九条至第五十七条分别规定了生产者、销售

者以及其他主体需要依法承担的行政责任和刑事责任。

### （三）平台的产品质量责任

《产品质量法》第四条规定“生产者、销售者依照本法规定承担产品质量责任”。《产品质量法》并未对平台经营者设定产品质量责任，但并非意味着平台无须承担产品质量相关责任。

目前，平台承担责任应依据《电子商务法》，主要内容如下。

1. 民事责任

一是连带责任。（1）明知应知连带责任。《电子商务法》第三十八条第一款规定了明知应知连带责任，即“电子商务平台经营者知道或者应当知道平台内经营者销售的商品或者提供的服务不符合保障人身、财产安全的要求，或者有其他侵害消费者合法权益行为，未采取必要措施的，依法与该平台内经营者承担连带责任”。第四十五条规定“电子商务平台经营者知道或者应当知道平台内经营者侵犯知识产权的，应当采取删除、屏蔽、断开链接、终止交易和服务等必要措施；未采取必要措施的，与侵权人承担连带责任”。（2）通知监管连带责任。《电子商务法》第四十二条规定：“电子商务平台经营者接到通知后，应当及时采取必要措施，并将该通知转送平台内经营者；未及时采取必要措施的，对损害的扩大部分与平台内经营者承担连带责任。因通知错误造成平台内经营者损害的，依法承担民事责任。恶意发出错误通知，造成平台内经营者损失的，加倍承担赔偿责任。”

二是未履行法定义务的相应责任。《电子商务法》第三十八条第二款规定：“对关系消费者生命健康的商品或者服务，电子商务平台经营者对平台内经营者的资质资格未尽到审核义务，或者对消费者未尽到安全保障义务，造成消费者损害的，依法承担相应的责任。”

三是侵权责任。（1）一般情形下的侵权责任：主要是平台未按照规则进行管控给商家带来损失的责任，即明知应知有规则未执行规则或者采取管理措施不当给商家带来损失所应承担的责任；（2）超过正常技术能力的侵权责任：平台根据现有技术能力和手段采取管控措施可能出现的错判行为给商家带来损失所应承担的责任；（3）特殊情形下的侵权责任：因执行监管指令（如因商品抽检不合格被监管部门发函要求平台下架某款商品），但监管指令中将商家产品ID错误填写，导致平台将并非抽检的其他正常商品错误删除。该情形下，平台应承担特殊情形下的侵权责任，但可向监管部门追索向商家支付的赔偿款，而监管部门可向抽检机构追索相关赔偿额。

2. 行政责任

《电子商务法》第八十三条规定："电子商务平台经营者违反本法第三十八条规定，对平台内经营者侵害消费者合法权益行为未采取必要措施，或者对平台内经营者未尽到资质资格审核义务，或者对消费者未尽到安全保障义务的，由市场监督管理部门责令限期改正，可以处五万元以上五十万元以下的罚款；情节严重的，责令停业整顿，并处五十万元以上二百万元以下的罚款。"①

3. 刑事责任

《电子商务法》第八十八条原则规定了刑事责任条款。

综上所述，平台作为商品流通环节的特殊一部分，其不介入商品生产、储存、运输、安装、使用等实际环节，主要介入商品信息展示、平台抽检、商品信息违规处置、协调纠纷处置等环节。平台主体责任中的连带责任是指根据《电子商务法》的规定（第三十八条和第四十二条），平台经营者明知应知仍未采取必要措施所应承担的法定责任。平台主体责任中的相应责任是指根据《电子商务法》的规定（第三十八条），平台经营者未履行资格审核或安全保障义务所依法需要承担的法定责任。平台主体责任中的侵权责任主要包括：（1）未按平台规则管控导致平台内经营者损失的；（2）平台管控中超出技术能力带来的错判；（3）平台执行监管错误指令的错判等。

---

① 第三十八条规定："电子商务平台经营者知道或者应当知道平台内经营者销售的商品或者提供的服务不符合保障人身、财产安全的要求，或者有其他侵害消费者合法权益行为，未采取必要措施的，依法与该平台内经营者承担连带责任。对关系消费者生命健康的商品或者服务，电子商务平台经营者对平台内经营者的资质资格未尽到审核义务，或者对消费者未尽到安全保障义务，造成消费者损害的，依法承担相应的责任。"

在商品质量安全责任领域，针对各经营主体所涉及主体责任主要是民事责任设定依据过错归责原则，而行政和刑事责任同时遵循“过错归责＋责任法定”的原则。另外，对于平台主体责任的设定，由于平台的控制力主要体现在对商家发布商品信息的审核、用户发布的消费评价以及用户因质量问题向平台所发起的投诉等方面，平台在整个流通链条中对产品质量的控制力较弱，因此，设定平台对于商品质量责任时并未新增相关主体责任，仍以《电子商务法》规定的明知、应知等过错责任为主。

## 三、商品流通过程视角下的相关主体法律责任

### （一）生产商主体责任

生产商主体责任可分为主体质量责任和主体过错责任。主体质量责任主要包括：（1）产品符合相应标准，无人身财产安全风险；（2）具有使用功能；（3）符合宣称的产品标准、质量承诺等；（4）包装、标签等标识真实，且依法标识警示、运输等要求等。主体过错责任主要包括：（1）生产国家明令淘汰的产品；（2）伪造产地、伪造或者冒用他人的厂名、厂址；（3）伪造或者冒用认证标志；（4）掺杂、掺假，以假充真、以次充好，以不合格产品冒充合格产品。

### （二）销售商主体责任

销售商主体责任可分为主体质量责任和主体过错责任。主体质量责任主要包括：（1）进货检查验收，验明产品合格证明和其他标识；（2）采取措施，保持销售产品的质量；（3）销售的产品的标识符合《产品质量法》要求。主体过错责任主要包括：（1）销售国家明令淘汰并停止销售的产品和失效、变质的产品；（2）伪造产地，伪造或者冒用他人的厂名、厂址；（3）伪造或者冒用认证标志；（4）掺杂、掺假，以假充真、以次充好，以不合格产品冒充合格产品。

### （三）消费者主体责任

消费者主体责任可分为主体质量责任和主体过错责任。主体质量责任主要包括：（1）按包装和说明书保存，确保产品质量；（2）按照说明书使用，确保产品功能。主体过错责任主要包括：（1）委托没有安装资质经营者进行安装；（2）委托没有修理资质经营者进行修理。

### （四）其他主体的主体过错责任

其他主体的主体过错责任主要包括：（1）运输商、快递服务商未按照要求操作导致产品损坏；（2）安装商、修理商未按照操作流程进行安装维修等。

## 四、商品质量管理环节视角下的平台主体责任

### （一）平台商品质量管理责任之抽检

（1）对抽检不合格的产品批次进行下架处置。

（2）依法二次上架商品监管认可新批次商品合格后，商家可凭借监管复查检验报告销售。

（3）协调用户与网络店铺关于不合格产品和赔偿等消费争议问题。

（4）向监管部门上报平台商品抽检不合格信息。平台商品抽检不合格结果上报的范围为可能导致重大违法行为或严重人身安全的抽检结果。

### （二）平台商品质量管理责任之召回

（1）采取多种措施实施动态监测，阻止监管部门公开的缺陷消费品继续在网上销售；需要召回的，及时召回。

（2）依法协助经营者及时处理消费者质量安全纠纷，建立便捷的争议解决与补救机制。

（3）电子商务平台经营者知道或者应当知道平台内经营者销售的商品或者提供的服务不符合保障人身、财产安全的要求，或者有其他侵害消费者合法权益行为，未采取必要措施的，依法与该平台内经营者承担连带责任。

### （三）平台商品质量管理责任之“三包”

（1）督促平台内经营者依法履行“三包”义务：三包义务履行主体是生产者或销售者，平台依法督促其依法履行“三包”义务。

（2）平台可以设定高于国家法规要求的“三包”义务的相关规则：平台规则可以高于法规要求，但不能低于法规要求。

（3）平台不可以以地方性“三包”法规的具体内容要求全体商家履行该义务：有的地方规则制定机关在不违背国家现有关于“三包”规定的基础上，对“三包”法规进行扩大化的地方性适用，但对于平台内非该地方的商家，不得随意扩大范围进行适用。

### （四）平台商品质量管理责任之七天无理由退货

（1）引导督促平台商家依法履行义务。对商家履行义务情况进行监督检查，并提供技术保障。

（2）通过签订协议明确平台与商家的七天无理由退货权利义务。

（3）制定并公示平台七天无理由退货规则及相关消保制度。

（4）对违法行为采取必要措施制止，同时向监管部门报告，必要时可停止平台服务。

（5）建立纠纷调解机制并协助消费者维权。通过其他渠道维权的，平台应当向消费者提供网络商品销售者的真实名称、地址和有效联系方式，积极协助消费者维护自身合法权益。

## 第四节　电商平台商品信息管理法律责任

### 一、平台信息管理涉及的相关主体

商品信息管理分为以下流程并涉及相应主体。

（1）信息发布环节：平台内经营者（个别会涉及代运营经营者）通过账户后台在平台发布商品信息，经过平台审核后展示在平台网络空间。该环节主要可能涉及信息发布者、平台经营者、广告经营者、广告发布者、广告代言人等主体。

（2）信息展示环节：平台内经营者在平台发布信息后，商品信息在平台网络空间进行展示。该环节可能涉及平台内经营者、消费者、监管部门、其他经营者、其他不特定对象等。

（3）信息下架环节：信息下架分为主动下架和被动下架。主动下架即平台内经营者因新品发布等原因将商品信息下架；被动下架是因违反平台规则或按照监管部门要求被动将商品信息下架。该环节涉及平台内经营者以及监管部门等主体。

### 二、平台信息管理涉及的相关主体责任

现有法规对商家在平台上发布商品信息的民事责任设定的原则为主体过错归责原则（故意+明知、应知）。以互联网商品信息中的互联网广告为例，《广告法》《互联网广告暂行办法》规定的相关主体的主要责任如下。

#### （一）民事责任

（1）主体责任：主要是侵权责任，即在商品信息存续过程中涉及的各相关主体因违反现有法规禁止性义务而承担的民事责任。广告主（一

般为平台内经营者）责任：一是承担对广告内容真实性和合规性的责任，发布虚假广告，欺骗、误导消费者，使购买商品或者接受服务的消费者的合法权益受到损害的，由广告主依法承担民事责任。二是明确侵权责任，《广告法》第六十八条规定："广告主、广告经营者、广告发布者违反本法规定，有下列侵权行为之一的，依法承担民事责任：（一）在广告中损害未成年人或者残疾人的身心健康的；（二）假冒他人专利的；（三）贬低其他生产经营者的商品、服务的；（四）在广告中未经同意使用他人名义或者形象的；（五）其他侵犯他人合法民事权益的。"

（2）连带责任：主要是指广告经营者、广告发布者、广告代言人应当与广告主承担连带责任。主要有三种情形：一是先行赔偿再追索责任。使购买商品或者接受服务的消费者的合法权益受到损害的，广告经营者、广告发布者不能提供广告主的真实名称、地址和有效联系方式的，消费者可以要求广告经营者、广告发布者先行赔偿。二是消费者生命健康广告连带责任。关系消费者生命健康的商品或者服务的虚假广告，造成消费者损害的，其广告经营者、广告发布者、广告代言人应当与广告主承担连带责任。三是明知应知连带赔偿责任。前述规定以外的商品或者服务的虚假广告，造成消费者损害的，广告经营者、广告发布者、广告代言人，明知或者应知广告虚假仍设计、制作、代理、发布或者作推荐、证明的，应当与广告主承担连带责任。

### （二）行政责任和刑事责任

1. 涉及各主体的行政责任

（1）广告主的行政责任。发布虚假广告和法规禁止性广告（不得发布广告）、发布违法性广告（可发布广告但广告内容违法）、广告内容违规（广告包含违禁内容）的，由广告主承担行政处罚责任，相关条文为《广告法》第五十五条、第五十七条和第五十八条、第五十九条等。

（2）广告经营者、广告发布者（互联网平台经营者）的行政责任。具有以下情形的，需依《广告法》对应条款承担行政处罚责任：一是明知或者应知广告虚假仍设计、制作、代理、发布的（第五十五条第三款)；二是发布禁止性广告的（第五十七条）；三是未按照国家有关规定建立、健全广告业务管理制度的，或者未对广告内容进行核对的（建立、健全互联网广告业务的承接登记、审核、档案管理制度；审核查验并登记广告主的名称、地址和有效联系方式等主体身份信息，建立登记档案并定期核实更新）；四是发布广告未显著标明关闭标志并确保一键关闭的，以欺骗方式诱使用户点击广告内容的，在用户发送的电子邮件中附加广告或者广告链接的；五是互联网信息服务提供者明知或者应知互联网广告活动违法不予制止的。

（3）广告代言人的行政责任。《广告法》第六十一条规定："广告代言人有下列情形之一的，由市场监督管理部门没收违法所得，并处违法所得一倍以上二倍以下的罚款：（一）违反本法第十六条第一款第四项规定，在医疗、药品、医疗器械广告中作推荐、证明的；（二）违反本法第十八条第一款第五项规定，在保健食品广告中作推荐、证明的；（三）违反本法第三十八条第一款规定，为其未使用过的商品或者未接受过的服务作推荐、证明的；（四）明知或者应知广告虚假仍在广告中对商品、服务作推荐、证明的。"

行政处罚的责任设定原则：有广告费用的，没收违法所得，并处违法所得一定倍数的罚款。对于个别情形，设置固定金额罚款。

2. 涉及各主体的刑事责任

广告主、广告经营者、广告发布者有如下情形的，依法追究刑事责任：（1）广告主违反《广告法》规定，发布虚假广告的，构成犯罪的。（2）广告经营者、广告发布者明知或者应知广告虚假仍设计、制作、代理、发布，构成犯罪的。

《刑法》关于虚假广告罪的规定在第二百二十二条："广告主、广告经营者、广告发布者违反国家规定，利用广告对商品或者服务作虚假宣传，情节严重的，处二年以下有期徒刑或者拘役，并处或者单处罚金。"

最高人民检察院、公安部发布的《最高人民检察院、公安部关于公安机关管辖的刑事案件立案追诉标准的规定（二）》第六十七条规定了虚假广告罪的立案标准："广告主、广告经营者、广告发布者违反国家规定，利用广告对商品或者服务作虚假宣传，涉嫌下列情形之一的，应予立案追诉：（一）违法所得数额在十万元以上的；（二）假借预防、控制突发事件、传染病防治的名义，利用广告作虚假宣传，致使多人上当受骗，违法所得数额在三万元以上的；（三）利用广告对食品、药品作虚假宣传，违法所得数额在三万元以上的；（四）虽未达到上述数额标准，但二年内因利用广告作虚假宣传受过二次以上行政处罚，又利用广告作虚假宣传的；（五）造成严重危害后果或者恶劣社会影响的；（六）其他情节严重的情形。”

自然人和单位均可构成虚假广告罪的责任主体。当虚假广告行为被认定构成单位犯罪时，单位直接负责的主管人员、直接责任人员还可能承担相应责任。

### （三）互联网平台的商品信息管理责任

互联网平台违反下列规定需依法承担责任。

（1）建立商品信息检查监控制度。《网络交易监督管理办法》第二十九条规定，网络交易平台经营者应当对平台内经营者及其发布的商品或者服务信息建立检查监控制度。对应违法责任为《网络交易监督管理办法》第四十九条的规定。

（2）发现商品信息违法违规进行处置并报告监管部门。《电子商务法》第二十九条规定，发现平台内的商品或者服务信息存在违反该法第十二条（资质信息）、第十三条（法律、行政法规禁止交易的商品或者服务以及不符合保障人身、财产安全的要求和环境保护要求）规定情形的，应当依法采取必要的处置措施，并向有关主管部门报告。违法责任对应《电子商务法》第八十条第三款。《网络安全法》第四十七条规定，网络运营者应当加强对其用户发布的信息的管理，发现法律、行政法规禁止发布或者传输的信息的，应当立即停止传输该信息，采取消除等处置措施，防止信息扩散，保存有关记录，并向有关主管部门报告。对应处罚责任为《网络安全法》第六十八条的规定。《互联网信息服务管理办法》第十五条规定：“互联网信息服务提供者不得制作、复制、发布、传播含有下列内容的信息：（一）反对宪法所确定的基本原则的；（二）危害国家安全，泄露国家秘密，颠覆国家政权，破坏国家统一的；（三）损害国家荣誉和利益的；（四）煽动民族仇恨、民族歧视，破坏民族团结的；（五）破坏国家宗教政策，宣扬邪教和封建迷信的；（六）散布谣言，扰乱社会秩序，破坏社会稳定的；（七）散布淫秽、色情、赌博、暴力、凶杀、恐怖或者教唆犯罪的；（八）侮辱或者诽谤他人，侵害他人合法权益的；（九）含有法律、行政法规禁止的其他内容的。”第十六条规定：“互联网信息服务提供者发现其网站传输的信息明显属于本办法第十五条所列内容之一的，应当立即停止传输，保存有关记录，并向国家有关机关报告。”上述条款对应的违法责任为《互联网信息服务管理办法》第二十三条的规定。

（3）商品信息保存三年义务。《电子商务法》第三十一条规定：“电子商务平台经营者应当记录、保存平台上发布的商品和服务信息、交易信息，并确保信息的完整性、保密性、可用性。商品和服务信息、交易信息保存时间自交易完成之日起不少于三年；法律、行政法规另有规定的，依照其规定。”违法责任对应条款为《电子商务法》第八十条第三款的规定。

（4）不得协助平台内经营者虚假宣传。主要法规义务规定是“经营者不得通过组织虚假交易等方式，帮助其他经营者进行虚假或者引人误解的商业宣传”，主要禁止如刷单、虚假粉丝、虚假销售等。对应处罚条款为《反不正当竞争法》第二十条的规定。

（5）明知、应知侵犯知识产权应采取必要措施。《电子商务法》第四十五条规定“电子商务平台经营者知道或者应当知道平台内经营者侵犯知识产权的，应当采取删除、屏蔽、断开链接、终止交易和服务等必要措施；未采取必要措施的，与侵权人承担连带责任”。违法责任对应条款为《电子商务法》第八十四条的规定。

# 第六章　互联网平台法律责任设置的底层逻辑

### 本章要点

从立法角度来看，应考虑到互联网平台对核心要素的控制力情况，坚持过错归责原则和过罚相当原则，根据平台和平台内经营者对某一具体要素的实际控制力均衡设置平台责任，合理科学界定平台责任与平台内经营者责任的边界。

从执法角度来看，应坚持平台过程合规论、平台尽职免责论。平台过程合规论是指要考察平台是否建立了履行义务机制并正常运行，不是仅强调以最后结果进行行政责任追究。尽职免责论是指监管部门应发布平台落实法定义务的尽职免责标准，平台满足一定尽职履行法定义务的条件后可依法不承担不利结果。

从司法角度来看，应坚持“过错归责 + 主张举证”，避免出现“自证清白 + 可执行”。“过错归责 + 主张举证”是指要考察平台是否对用户产生不利结果存在过错，坚持原告主张和原告举证的逻辑，而不能要求平台通过列举已履行义务来证明尽职，同时不能因为平台有资金能力可供执行而要求平台额外赔付。

## 第一节　互联网平台法律责任界定的基本原则和逻辑

法律责任主要指相关民事主体未履行法定义务需承担的法律后果。一般情况下，从当前互联网平台运营现状及司法实践来看，互联网平台经营活动所涉法律责任主要为民事责任和行政责任。民事责任是发生在平等民事主体之间因民事争议需依法承担的赔偿责任，而行政责任主要是指行政相对人因违反现有行政法律、法规需依法承受的行政处罚措施，如罚款、没收违法所得等。根据《民法典》《行政处罚法》等现有法律，认定法律责任主要原则如下。

一是过错归责原则。互联网平台在对平台内经营者管控过程中存在过错，需依法承担相应责任。以民事责任为例,《电子商务法》第三十八条第二款明确了平台资质审核的民事责任，即网络交易平台未依法履行资格审核义务，且造成消费者损害的，依法承担相应的责任。以行政责任为例,《电子商务法》第八十条明确了平台资质审核的行政责任，即不履行《电子商务法》第二十七条规定的核验、登记义务的需要承担行政责任。

二是依法定责原则。界定互联网平台法律责任要依据现有法律法规明确条款，在现有法律框架内确定平台经营者、平台内经营者以及其他相关主体法律责任。

三是均衡定责原则。以电商平台资质管控责任为例，要根据平台未依法履行《电子商务法》第二十七条法定义务的具体情形和所造成后果等多种因素确定平台需依法承担的法律责任。即按照比例原则，对违法行为进行违法情形、违法情节、违法程度等多种因素综合影响分析，平台需依法承担的法律后果与前述综合影响保持均衡。

四是尽职免责原则。以电商平台为例，电商平台依法履行资质管控义务，需要适当考虑到平台实际技术能力、平台内经营者数量以及各种资质实际情况，若平台已事先建立平台内经营者资质核验体系和工作机制，因平台内经营者规避管控、技术能力等原因造成的平台内经营者资质出现违规情况（如展示信息不一致、资质过期等），则应以过程合规、事前合规来判定平台是否已履行法定义务，即对照法定义务清单，查看平台落实具体举措和相应档案。

下文将分析不同类型的法律责任设置的底层逻辑。

## 一、民事责任的设置逻辑

互联网平台的民事责任设置应坚持的基本原则是过错归责原则。过错归责原则涉及两种情形。

一是直接侵权归责情形。例如，电商平台经营者违反其制定的平台规则或协议对平台内经营者进行处罚，该行为侵犯平台内经营者的合法权益，对平台内经营者造成了损失，其应承担相应的侵权法律责任。

二是明知应知（未采取必要措施）连带责任，即互联网平台已经知道或应该知道平台内经营者的行为会对被侵权人造成侵害，其有能力通过采取必要措施避免侵害行为持续或扩大而未采取必要措施，应依法承担连带责任。

## 二、行政责任的设置逻辑

为落实互联网平台责任，当前立法关于平台法律责任设置一般遵循“设置义务＋出现结果处罚”原则，首先为平台设置了法定义务，一旦出现违反法定情形的结果即令其承担主体法律责任。这种“出现结果承担主体责任论”在实际执行中往往出现问题：一旦立法脱离平台实际，如法定义务超出互联网平台实际技术能力和管理能力，则造成“出现结果”成为必然，而此时就会出现普遍性违法现象。故需要在原有“设置义务＋出现结果处罚”原则之上增加尽职免责例外原则，对前述问题从源头上予以解决。

## 三、刑事责任的设置逻辑

互联网平台涉及刑事责任的设置，应坚持“行政违法＋明知应知＋情节严重+罪刑法定”原则，即行为本身违反现有行政法规且情形严重，同时明知应知仍然实施该行为，另外该行为符合对应刑法具体条款，如虚假广告罪、帮助信息网络犯罪活动罪（帮信罪）等。

## 第二节　互联网平台法律责任界定分析——以电商平台资质管控责任为例

以下以网络交易平台资质管控责任界定为例，对互联网平台法律责任进行分析。

从尽职免责角度观察，关于网络交易平台经营者对平台内经营者相关信息核验义务的具体履行标准，《电子商务法》《网络交易监督管理办法》等法律法规目前暂无明确的规定。基于现有法律法规规定和监管实务经验，总结归纳网络交易平台资质管理责任的分析框架如下。

### 一、平台资质核验义务尽职的标准

根据现有法规规定，平台对平台内经营者的入驻核验以及定期核验义务可分解如下。

（1）平台内经营者提交信息：主要包括身份（个人提交个人身份信息、市场登记主体提供营业执照信息）、地址、联系方式（电话或邮箱等）、行政许可等真实信息。

（2）入驻核验：核验通常可采取技术核验+人工核验相结合的方式进行。核验流程主要分为三个部分：第一，证照信息一致性核验，即营业执照信息与行政许可信息核验。鉴于《行政许可法》并未明确行政许可的具体内容及详细信息，且行政许可的核心信息主要为授予主体以及授予内容，因此，应核验营业执照与行政许可的下列信息是否一致：经营主体、法定代表人是否一致，许可授予内容是否在营业执照经营范围，许可授予时间是否在营业执照有效期内。第二，证照信息真实性核验，即将平台内经营者提交的行政许可信息与官方网站或公示系统中可公开查询到的平台内经营者行政许可信息进行比对。通常可公开查询的系统为国家企业信用信息公示系统，其他官方渠道为国家药品监督管理局网站、各地市场监督管理局网站等。第三，人工复核校验。对于证照信息一致性、有效性核验中发现的不一致信息，需要人工再次复核。此次复核未能通过核验的经营者将不得进入平台开展经营。

（3）形成登记档案：将通过审核的平台内经营者信息（含身份信息、地址信息、联系方式以及许可信息）登记并形成电子档案（保证可查询可调取，并持续保存）。

（4）定期核验：至少六个月开展一次入驻核验的工作流程。定期核验中，对于发现的信息不一致的平台内经营者及时通知核验不通过原因，并对不符合平台要求的平台内经营者予以清退。

综上所述，认定网络交易平台完成履行对平台内经营者入驻核验以及定期核验义务的尽职标准如下：已开展入驻核验和定期核验；有核验记录和核验不符处置记录；已合理利用当前技术能力和人工能力开展核验；法律、法规规定的其他核验义务。

## 二、对照核验义务尽职标准判定平台实际履行义务情况

首先，根据前述确定的平台资质核验义务尽职标准，主要查看平台是否已建立资质管控工作规则、机制等制度落实上述法定义务；其次，查看平台实际履行资质核验义务的记录和档案；最后，根据实际核验过程等综合判定平台是否依法履行平台内经营者资质核验义务。

## 三、平台资质核验中违反明知应知法定义务的认定标准

对平台“知道或应当知道”的义务可分解为如下内容。

### （一）了解平台内经营者资质违规的主要情形

（1）资质无效：主要包括行政许可有效期届满，行政许可被许可部

门撤销、撤回以及吊销，企业营业执照被吊销或注销（行政许可仍在有效期）等；（2）资质伪造：主要包括行政机关并未发放行政许可证，通过第三方造假或变造等违规方式获得的虚假行政许可；（3）资质仿冒：主要包括整体冒用他人行政许可证以及将部分核心信息（如主体信息）修改后冒用他人行政许可证；（4）其他资质违规行为：如买卖资质、以虚假材料获得行政许可等。

### （二）“知道或应当知道”的线索来源

（1）监管下发：监管部门下发的平台内经营者资质违规情况，主要涉及假证、冒证以及其他资质许可违法情形；（2）监管转交线索：监管部门转交的平台内经营者涉嫌资质违规的初步证据或线索；（3）投诉举报：平台内经营者、用户或其他主体向平台提起的平台内经营者资质违规的初步证据或线索；（4）官方渠道公示：授予行政许可的主管部门通过官方渠道（官方系统、官方公示系统等）公示的资质违规情形；（5）主动巡查发现：平台在日常巡查中发现平台内经营者资质涉嫌违规的情形；（6）媒体曝光：官方媒体或自媒体曝光的涉及具体平台内经营者的资质违规情形；（7）其他：除以上发现方式的其他方式。

### （三）“知道或应当知道”处置环节义务

（1）线索分类核实：主要根据前期收集的线索与官方渠道数据以及授予行政许可证单位的信息进行核实。（2）核实结果分类处置：核实后可确认涉嫌资质违法的，应采取措施，即暂停交易和服务，并向有关主管部门报告，根据有关主管部门的调查处理结果采取恢复或者终止交易和服务的措施；核实后可确认资质无问题的，不采取相应措施。

### （四）“知道或应当知道”资料保存环节义务

（1）保留相关材料备查：平台应保存上述线索收集、核实情况及处置情况的记录（自处置结果作出后保存三年）。（2）除了保存义务外，根据《电子商务法》第三十六条“电子商务平台经营者依据平台服务协议和交易规则对平台内经营者违反法律、法规的行为实施警示、暂停或者终止服务等措施的，应当及时公示”的规定，还应进行公示。

综上所述，同时满足以下条件的应判定平台未尽到上述法定义务（采取过错责任原则认定是否尽到上述义务）：（1）平台掌握平台内经营者涉嫌资质违规的初步线索；（2）平台自收到违规线索后一定期限内（初步可设定三十个工作日）并未开展核实工作，或者核实到平台内经营者涉嫌违规后一定限期内（如七个工作日）未采取必要措施（暂停交易和服务，并向有关主管部门报告），或者核实并采取处置措施后至主管部门下发处置结果前擅自停止必要措施的。

## 第三节　互联网平台法律责任界定的主要思路

### 一、从立法层面分析平台法律责任的基本框架

在互联网平台立法过程中，需遵守“分类分域＋过错归责＋过罚相当”原则和“控制力均衡设定”原则，详细阐述如下。

分类分域就是根据平台类别（如网络交易平台、支付平台、社交娱乐平台等）和平台具体业务域（如网络交易平台商品质量管理、信息管理、数据管理、安全管理等）合理科学地界定平台法律责任。

过错归责就是在平台经营者存在过错（如侵权或明知应知而不采取必要措施）的情形下，根据过错程度科学合理设置平台应承担的相关法律责任。

过罚相当就是设置平台承担的法定责任应以平台侵权行为或违法行为给被侵权人带来的实际损失或给自身带来的实际收入为基准进行平衡。即在民事责任设置时坚持赔偿被侵权人实际损失，而行政责任设置时以违法所得为基准设置相应罚则。

控制力均衡设定就是指在设置平台责任时应考虑平台对相关经营者以及各相关领域的实际控制能力，根据实际控制力来均衡设置平台应承

担的责任，不应设置与平台实际控制能力不相符的责任而阻碍平台经济的发展。上述原则主要内容如下。

（1）设定具体领域平台需承担的责任时，要考虑平台对具体参与各方的实际控制力，可根据平台规模、平台内经营者对平台的依赖程度等因素确定平台的实际控制力。根据相关因素分析可知，平台对于数据、商品信息和商品质量的控制力依次递减。

（2）要根据平台实际控制力和实际能力设置相对均衡的平台治理责任（设定平台义务），如可对平台实际能管控的数据保护设置比商品质量更大的法定责任。

（3）设置平台责任的目的是促进平台经济的健康发展。从经济学理论上来说，责任均衡的边界是边际社会治理成本等于边际社会治理收益。均衡的平台责任设置点是边际社会治理成本等于边际社会治理收益。

## 二、从执法层面界定平台法律责任的基本理念

### （一）平台过程合规理念

平台承担法律责任应坚持平台过程合规理念，而不是唯结果论，即主要考察是否建立履行义务机制并运行，并非仅强调结果、以结果进行行政责任的追究。互联网平台监管往往出现监管失效（认定难、多头监管与监管空白并存、履行不能等问题）和监管低效（规则跟不上变化、数字黑箱放大信息偏差等问题），因此有必要引入过程合规监管。从传统监管向过程合规监管过渡或转型中往往伴随着理念转型，以外部监管为主转向对自我监管，同时监管目的从制止与威慑违法违规行为转向成本更低且更具有效果的预防与源头治理。

### （二）平台预防性合规理念

平台合规应坚持预防风险、处置风险的理念，国家监管部门鼓励、

激励平台主动开展合规工作，落实具体合规措施，避免出现不利后果，承担相关法律责任。平台风险防控义务，包括风险评估、安全审查、应急处置等，可以通过建立平台合规管理体系实现。这也是目前《网络安全法》《数据安全法》《个人信息保护法》等法律的要求，也可以作为平台尽到安全保障义务的免责事由。安全保障义务意味着尽最大努力防范风险，可以通过平台构建合规管理体系的有效性评估其风险防范的努力程度。

### （三）平台尽职免责理念

在立法部门发布涉及平台相关领域立法的同时，相关监管部门应细化发布平台落实法定义务的尽职免责标准，平台满足一定尽职履行法定义务的条件后，即使出现超出平台控制的不利后果，也可适用免予处罚的规定。以电商平台违禁信息管控为例，平台内经营者发布极少数违禁信息，可能会引发舆情和社会关注。而电商平台仅是互联网信息服务的提供方，为平台内经营者发布信息提供技术和条件，不是违禁信息的直接发布者。如果坚持“出现结果承担责任论”，监管部门就可以对电商平台予以行政处罚。但若坚持平台尽职免责理念，则以互联网平台管控过程是否已依法履行法定义务为判定标准来界定平台主体法律责任。

## 三、从司法层面界定平台法律责任的基本理念

### （一）坚持“过错归责 + 主张举证”审理理念

在司法机关处理平台、平台内经营者以及消费者的民事争议时，应坚持“谁过错，谁担责”以及“谁主张，谁举证”的民事裁判理念，避免仅因消费者、平台内经营者与平台地位不平等而要求平台举证的情形。“过错归责 + 主张举证”原则是指在司法诉讼中，应坚持平台有过错的情形下才承担连带赔偿责任，同时不能要求平台自证已履行相关法定义务。

### （二）避免“自证清白 + 可执行”简单做法

在法院审理涉及平台类纠纷时，不能因平台无法证明已完全履职就判定平台担责，从事后逆向查找互联网平台未履行法定义务的角度来判定平台承担管理瑕疵责任，更不能因平台有财务能力就判定平台承担赔偿责任。

## 第四节　平台嵌套模式下的法律责任界定思路

### 一、从互联网发展角度看平台聚合和嵌套的趋势

本书第一章第一节从技术角度已详细论述了互联网 PC—移动互联网—App—小程序的发展历史，在该历史发展过程中出现了一种新的趋势，即功能和应用聚合现象。从一定的意义上来说，互联网应用聚合或互联网平台嵌套模式的出现是互联网技术进步和用户选择的结果。无论是网站—门户—App—公众号—小程序，还是根据流量走向，从网址到黄页、搜索入口，再到大用户体量的 App，这都表明技术演进是跟随业务而演化的。互联网是注意力经济，吸引、留存以及转化用户是运营核心，掌握流量入口是核心关键。流量入口从传统的网址、网址导航、搜索引擎、应用商店（手机预装）到 App、超级 App（小程序、内跳），通过运营流量从而完成商业化是互联网行业和技术演化的本质。故应用聚合是未来的大趋势，App 使用会越来越广泛，也许未来仅保留几个超级 App 作为社会生活场景中的统一入口。

从互联网技术和产业发展来看，应用聚合是未来的大趋势，流量集中趋势明显，互联网平台嵌套或者互为链接越来越普遍。典型互联网平台应用嵌套模式的现状如图 6–1 所示。

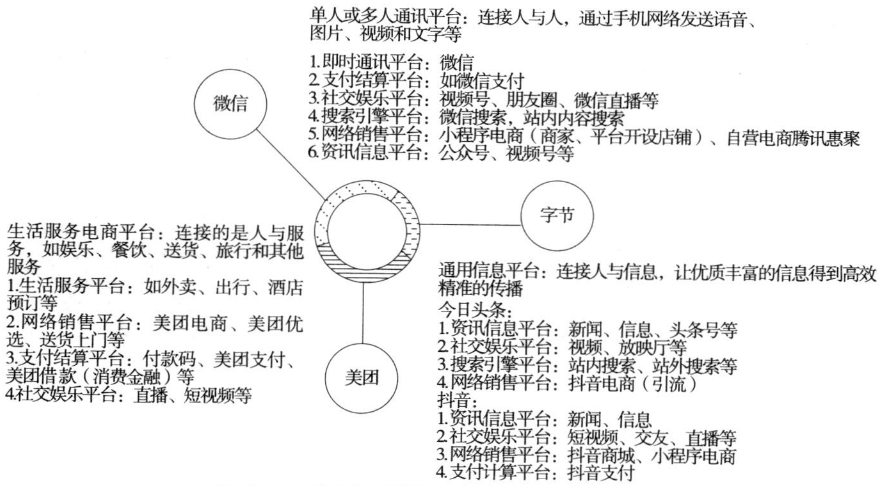


**图 6–1　典型互联网平台（App）嵌套模式**

## 二、从链接角度看平台嵌套业务模式

从技术和实际功能使用角度来看，根据互联网平台与平台之间的链接方式不同，将平台嵌套模式划分为平台内嵌、内部跳转、外部跳转三种模式，而不同链接模式也带来不同平台的商业主体之间法律关系的不同，导致不同平台在不同业务模式下所承担法律责任不同。

### （一）平台内嵌（内部频道）业务模式

此种模式每一个内部频道均是独立业务，提供双方或对方可供交互的介质或空间，依附于主体 App，无单独 App 或网站等，但属于同一集团旗下产品，其背后运营公司主体不同，内嵌或内部频道不需二次授权或重新登录，无须跳端，服务或交易仍在主体平台。以微信生态为例，内部频道包含微信支付、微信搜一搜、微信广告、腾讯惠聚（第三方购物平台）、视频号、微信直播、小游戏、小商店、公众号、小程序、表情开放平台等（见图 6–2）。

图 6–2　平台内嵌微信示例

（二）内部跳转业务模式

在此种模式中，在主体 App 中点击对应板块，需要二次授权或重新登录，服务或成交等均发生在新跳端的服务域，但交易仍在主体平台体系内。同样以微信生态为例，微信可跳转内部小程序（其他第三方公司有单独 App）如腾讯微信微保、微粒贷、滴滴打车、美团外卖、京东购物、猫眼电影等。前述内部跳转需用户二次授权或重新登录，服务或成交等均发生在新跳端的服务私域，但交易仍在微信平台体系内（见图 6–3）。

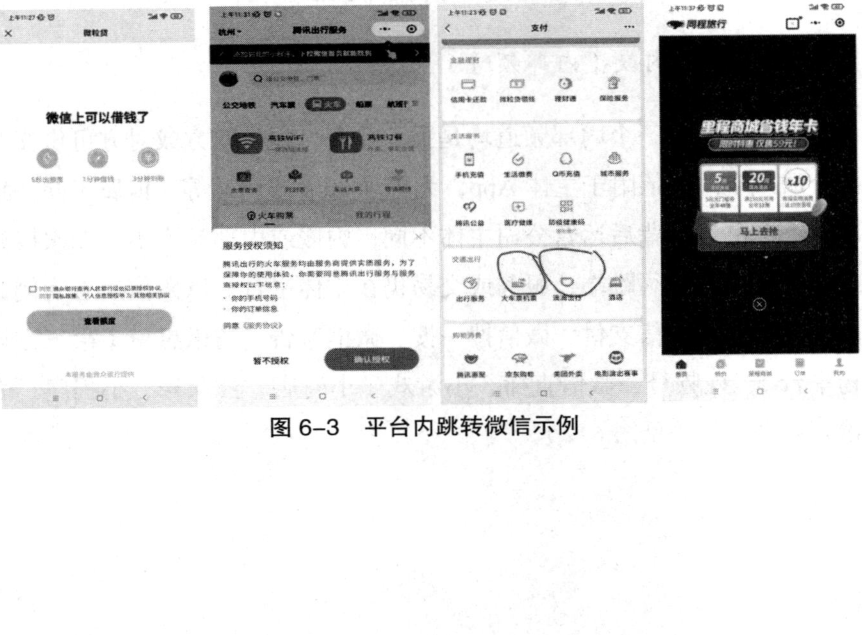


图 6–3　平台内跳转微信示例

## （三）外部跳转业务模式

用户在主体 App 中通过点击对应板块或链接后，脱离主体 App，然后去新的 App 登录，交易在新的 App 中完成。以微信生态为例，典型的是站外引流，如微信搜索、微信游戏等板块，其中腾讯游戏既有自研游戏也有其他公司游戏，既有在线游戏也有需下载游戏。当外部跳转到其他公司游戏以及需要下载的游戏时就属于外部跳转情形，用户在微信下载游戏后，需脱离微信 App，去新的游戏 App 登录后使用（见图 6–4）。

图 6–4　外部跳转微信示例

## （四）典型互联网平台嵌套模式分类

根据公开资料整理典型互联网平台嵌套模式分类如表 6–1 所示。

表 6-1 典型互联网平台嵌套模式分类

| 分类 | 微信 | 今日头条 | 抖音 | 美团 |
|---|---|---|---|---|
| 平台内嵌（频道） | 微信支付、微信搜一搜、微信广告、腾讯惠聚视频号、微信直播、朋友圈小游戏、表情开放平台等 | 头条搜索、头条广告、今日特卖（电商）、头条视频、直播、头条小程序等 | 抖音支付、抖音广告、抖音商城、抖音直播、抖音小程序、企业号 | 美团支付、美团单车、电动车、美团电商、猫眼电影、美团外卖、美团打车、美团优选、美团充电宝、直播、美团车票、美团健康商城等 |
| 内部跳转 | 微信微保、微粒贷、滴滴打车、美团外卖、京东购物、猫眼电影等 | 放映厅（西瓜视频）、懂车帝、幸福里（房产业务）、放心借、头条小程序等 | 放心借、西瓜视频、懂车帝、抖音小程序、猫眼电影 | 美团借钱等 |
| 外部跳转 | 微信搜索、微信游戏等 | 二类电商、广告联盟广告、头条游戏等 | 抖音游戏、抖音信用卡 | 联名信用卡等 |

## 三、互联网平台嵌套业务法律责任的界定原则

### （一）平台主体界限的界定原则

随着一些规模较大的平台彼此开放，平台嵌套现象越来越突出，大量聚合平台涌现。在此背景下，平台与平台的关系、平台与平台内经营者的关系、平台与用户的关系、平台内经营者与消费者的关系均呈现出复杂化的趋势。

互联网平台嵌套模式下法律责任界定首先需要区分不同平台的界限，可以将是否跳端以及二次登录或授权作为标准，区分本平台及其他嵌入平台。如属于内部频道或未提示跳端，尽管其背后运营主体不同，仍属于同一平台。如作为内跳并提示登录或授权后，交易仍在原有平台生态体系内，不属于同一平台，可视为关联平台。如作为外跳站外引流，仅属于引流性质，属于两个互联网平台。

### （二）平台嵌套模式下主体法律责任界定原则

在平台嵌套模式下，创新商业模式的发展为打破行业界限、促进信息和生产要素流动提供了工具，互联网平台商业模式改变了线下单一化经营的传统方式，而互联网平台嵌套模式又打破了原有单一互联网平台经营的界限，呈现出跨界经营、混业经营的复杂情形，给传统分业监管的法律责任界定带来了挑战：多重法律主体关系带来的法律适用可能导致责任叠加、竞合，造成责任界定困难。

互联网平台嵌套模式下应区分不同平台主体以及不同业务场景科学界定法律责任。当互联网平台内嵌其他互联网平台，如作为其内部频道时，可视为同一平台集合；此时互联网平台既对内嵌其他互联网平台负有管理责任，也负有平台主体法律责任，二者共同承担相关法律责任。对于内跳并提示登录或授权后，交易仍在原有平台生态体系内的，原有互联网平台负有管理责任，承担相应法律责任；对于外部跳转业务模式，互联网平台承担广告发布者以及内容安全等管理责任，承担相应法律责任。

# 下篇　具体平台类型法律责任分析

# 第七章　网络交易平台<br>法律责任重点难点问题分析

## 本章要点

本章主要聚焦电子商务新业态给传统法律规制带来的挑战，即网络交易平台功能融合趋势给《电子商务法》的适用带来较大挑战。针对网络交易平台的认定，提出了与传统单一要素说和多要素说不同的对应要素认定说，即网络交易平台如依据其功能要素对应电商平台的“提供网络经营场所、商品浏览、订单生成、在线支付”四个功能要素，其应被认定属于类电子商务平台，并参照履行前述功能要素所对应的《电子商务法》所规定的法定义务。

本章对网络交易平台新业务模式——托管模式的法律属性及其主体责任进行了探索，即电商平台托管业务并非电商平台自营销售业务，而属于第三方平台业务，本质上属于平台类营销服务，即从传统的营销服务扩展至商品运营以及售后支持等方面，但并未改变类营销服务的本质。

## 第一节　电子商务新业态发展带来的挑战及其原因

随着技术和商业模式的演化，电子商务从传统货架电商演化为社交电商、小程序电商、直播电商、社区电商等现有新模式，以及已出现并不断演进的元宇宙电商、AI 电商等新模式。这种技术和模式演化给传统法律法规适用带来较大的困难，《电子商务法》无法适用于电子商务新业态，新业态的监管处于空白状态，主要体现在《电子商务法》中关于电商平台和电商平台内经营者分别设定法定义务的框架已逐渐难以适用于新电商模式中的不同经营主体责任的分析。传统的电商平台定义是“为平台内经营者提供网络经营场所、商品浏览、订单生成、在线支付等服务”，这已经难以适用于直播带货（跳转端外）、社交电商（微信群接龙、团购等）以及短视频带货、文章带货、公众号带货等新电商模式。因此，电商平台和平台内经营者的概念需随着新业务模式的演化而变化。

从电商行业从业者的视角总结当前《电子商务法》实施中所面临的主要问题如下。

第一，电商新模式如何规范发展的问题。既然《电子商务法》以传统货架电商为参照对象进行立法，那么就不可避免出现新兴电商模式如何适用《电子商务法》的问题。近年来出现的小程序电商、聚合电商、短视频电商、直播电商、社交电商、跨境零售电商、二手电商、二类电商、竞价电商等新兴电商新模式，使电商平台经营者与平台内经营者界定以及法律责任科学划分成为《电子商务法》实施中遇到的重点难点问题。

第二，电商平台经营者定义带来的争议。根据目前《电子商务法》的立法思路，互联网平台一旦被认定为电商平台经营者将承担《电子商务法》规定的电商平台的所有法定义务和责任。因此，是否能够被认定为电商平台经营者对互联网平台影响重大。无论业界所提出的“四功能要素齐全认定说”（平台需具备“提供网络经营场所、商品浏览、订单生成、在线支付”四个功能要素的可以认定为电子商务平台），还是“功能单要素认定说”（平台具备“提供网络经营场所、商品浏览、订单生成、在线支付”四个功能之一就可以认定为电子商务平台），均无法解决前述矛盾。

第三，平台经营者以及平台内经营者主体责任边界不清的问题。《电子商务法》第二章第一节和第二节直接设定了电商平台的法定义务，尽管第一节也适用于平台内经营者，但无论总体法定义务条款还是承担法律责任条款，涉及电商平台经营者条款远远多于平台内经营者。从这个意义上来看，《电子商务法》是一部电商平台经营者责任法。但因相关条款（特别是涉及平台经营者与平台内经营者法律责任的第三十八条、

第四十二条、第四十五条等）相对原则，导致相关条款在实际适用时往往出现主体责任边界不清的问题。在电商经济场景下，电商平台经营者和平台内经营者的主体责任的范围存在较大的模糊性和不确定性。

第四，政府监管责任与平台管理责任的界限问题。如前文所述，在电商经济场景下，电商平台经营者扮演了多种角色，不同角色依法承担的法律责任是不同的，但近年来各级主管部门不断提出压实平台主体责任，使得平台扮演了政府管理者的角色。一方面，平台承担了太多原本由监管部门所承担的监管责任；另一方面，平台作为民事主体又缺乏监管部门的行政强制权力，导致平台经营者左右为难。

第五，平台行政处罚责任是否过低的问题。目前，《电子商务法》对电商平台违法行为的罚款最高额为 200 万元，而近年来其他相关区域在立法中不断提高罚款额度的倾向较为明确。例如，《个人信息保护法》等均设置比例罚的情形，部分专家或监管部门提出加强落实电商平台主体责任，建议参照其他相关法律设置比例罚并大幅提高对电商平台违反《电子商务法》的罚款额度。但近期实施的《国务院关于进一步规范和监督罚款设定与实施的指导意见》提出“设定罚款要符合行政处罚法和相关法律规范的立法目的，一般要明确罚款数额，科学采用数额罚、倍数（比例）罚等方法”。故此，《电子商务法》关于电商平台行政处罚最高额的规定是否需要调整尚待观察和论证。

《电子商务法》作为鲜有的对电子商务领域专门立法的法律，其实施不可避免地遇到一系列挑战，主要原因如下。

第一，部分法条规定较为原则，在实施中缺乏明确的操作性标准。例如，第三十八条第一款规定电子商务平台明知应知未采取必要措施需承担连带责任，但并未说明什么情形属于“知道或者应当知道”以及如何认定“知道或者应当知道”，导致行政执法机构以及司法机关在适用该条款时难以操作。另外，第三十八条第二款也存在类似的问题。

第二，新技术突破对原有电商生态产生较大的冲击。随着新型信息技术的不断发展和演进，互联网不断迭代升级，从只有静态网页的 Web 1.0 到用户直接交互的 Web 2.0，再到用户自主控制数据的 Web 3.0。另外，近期人工智能技术的突破对原有电商业态同样带来较大冲击。以直播电商为例，随着 AIGC 技术的发展，虚拟人主播已开始逐渐补充甚至替代真人主播，虚拟人主播产生违法违规问题的法律责任界定成为一个亟待解决的新问题。

第三，新业态新模式对原有条款产生冲击。《电子商务法》以传统货架电商（B2C 零售电商）作为主要模式，采取二分法对电商平台经营者和平台内经营者设定法律责任。但在《电子商务法》颁布后，新电商模式如直播电商、社交电商、小程序电商、近场电商以及二类电商等不断兴起并迅速发展。在这些新电商模式下，关于电商平台的认定以及责任承担存在较大的争议，部分互联网平台因不符合电商平台的定义而完全不承担《电子商务法》设定的电商平台的法定义务逐渐成为监管部门以及社会关注的重大问题。

第四，平台功能融合趋势对《电子商务法》实施带来较大挑战。《电子商务法》在立法时主要以网络零售电商为对象，而随着技术、商业模式以及平台功能的不断演化，平台不断融合的趋势越来越明显。电商平台不仅开展网络零售业务，还可能开展内容业务。以短视频平台为例，在发展初期其主要开展内容业务以及直播业务，然后开展直播带货业务（直播间挂其他电商平台商品链接），最后发展为既开展直播业务也同时开展电商业务（在直播间挂本电商平台商品链接）。

## 第二节　网络交易平台的认定

### 一、现有法律框架下的电商平台责任

从整体上来看，《电子商务法》《网络交易监督管理办法》的立法思路是“主体身份—法定义务—法律责任”的框架。首先，确定经营者的具体身份是属于电子商务平台经营者、电子商务平台内经营者还是电子商务领域其他经营者（如第三方支付机构、物流经营者等）；其次，根

据经营者的主体身份以及其在电子商务中的具体职能来设定相应的法定义务；最后，根据经营者违反法定义务的情况设置相应的法律责任（行政责任、民事责任以及刑事责任）。《电子商务法》和《网络交易监督管理办法》规定的网络交易平台经营者的主体法律责任体系见表 7-1。

**表 7-1　电商平台经营者主体法律责任体系**

| 序号 | 主要环节 | | 法定义务 |
|---|---|---|---|
| 1 | 主体证照资质合规 | 主体登记合规 | 办理市场主体登记。（《电子商务法》第十条、《网络交易监督管理办法》第八条） |
| | | | 平台为平台内经营者申请将网络经营场所登记为经营场所出具相关材料。（《网络交易监督管理办法》第十条） |
| | | 主体资质合规 | 依法获得行政许可。（《电子商务法》第十二条、《网络交易监督管理办法》第八条） |
| | | 依法纳税和享受优惠 | 应当依法履行纳税义务，并依法享受税收优惠。（《电子商务法》第十一条） |
| | | 主体证照资质公示 | 网络交易经营者应当在其网站首页显著位置，持续公示营业执照信息、与其经营业务有关的行政许可信息。（《电子商务法》第十五条、《网络交易监督管理办法》第十二条）<br>通过网络社交、网络直播等网络服务开展网络交易活动的网络交易经营者，应当以显著方式展示商品或者服务及其实际经营主体、售后服务等信息，或者上述信息的链接标识。（《网络交易监督管理办法》第二十条） |
| | 商家资质管控合规 | 平台商家资质合规 | 电子商务平台经营者应当要求申请进入平台销售商品或者提供服务的经营者提交其身份、地址、联系方式、行政许可等真实信息，进行核验、登记，建立登记档案，并定期核验更新。（《电子商务法》第二十七条）<br>网络交易平台经营者应当要求申请进入平台销售商品或者提供服务的经营者提交其身份、地址、联系方式、行政许可等真实信息，进行核验、登记，建立登记档案，并至少每六个月核验更新一次。（《网络交易监督管理办法》第二十四条）<br>网络交易平台经营者应当对未办理市场主体登记的平台内经营者进行动态监测，对超过《网络交易监督管理办法》第八条第三款规定额度的，及时提醒其依法办理市场主体登记。（《网络交易监督管理办法》第二十四条） |
| | | 平台商家资质公示合规 | 网络交易平台经营者应当以显著方式区分标记已办理市场主体登记的经营者和未办理市场主体登记的经营者，确保消费者能够清晰辨认。（《网络交易监督管理办法》第二十七条） |
| | | 提供证明支持 | 平台为平台内经营者申请将网络经营场所登记为经营场所出具相关材料。（《网络交易监督管理办法》第十条） |

续表

| 序号 | 主要环节 | | 法定义务 |
|---|---|---|---|
| 2 | 平台信息管理合规 | 披露商品信息合规 | 网络交易经营者全面、真实、准确、及时披露信息，不得以虚构交易、编造用户评价等方式进行虚假或者引人误解的商业宣传，欺骗、误导消费者。（《电子商务法》第十七条、《网络交易监督管理办法》第十九条） |
| | | 信息检查并采取必要措施 | 发现平台内的商品或者服务信息存在违反《电子商务法》第十二条（资质）、第十三条（人身安全和违禁）规定情形的，应当依法采取必要的处置措施，并向有关主管部门报告。（《电子商务法》第二十九条）<br>网络交易平台经营者应当对平台内经营者及其发布的商品或者服务信息建立检查监控制度。网络交易平台经营者发现平台内的商品或者服务信息有违反市场监督管理法律、法规、规章，损害国家利益和社会公共利益，违背公序良俗的，应当依法采取必要的处置措施，保存有关记录，并向平台住所地县级以上市场监督管理部门报告。（《网络交易监督管理办法》第二十九条） |
| | | 为平台商家信息公示提供技术支持并进行审核 | 网络交易平台经营者应当为平台内经营者依法履行信息公示义务提供技术支持。平台内经营者公示的信息发生变更的，应当在三个工作日内将变更情况报送平台，平台应当在七个工作日内进行核验，完成更新公示。（《网络交易监督管理办法》第二十六条） |
| | | 停止经营信息公示 | 网络交易经营者自行终止从事电子商务的，应当提前三十日在其网站首页显著位置持续公示有关信息。（《电子商务法》第十六条）采取合理、必要、及时的措施保障消费者和相关经营者的合法权益。（《网络交易监督管理办法》第二十三条） |
| | | 信息记录和保存 | 平台经营者应当记录、保存平台上发布的商品和服务信息、交易信息，并确保信息的完整性、保密性、可用性。商品和服务信息、交易信息保存时间自交易完成之日起不少于三年；法律、行政法规另有规定的，依照其规定。（《电子商务法》第三十一条）<br>网络交易平台经营者对平台内经营者身份信息的保存时间自其退出平台之日起不少于三年；对商品或者服务信息，支付记录、物流快递、退换货以及售后等交易信息的保存时间自交易完成之日起不少于三年。法律、行政法规另有规定的，依照其规定。（《网络交易监督管理办法》第三十一条） |

续表

| 序号 | 主要环节 | | 法定义务 |
|---|---|---|---|
| 3 | 平台规则合规 | 制定交易规则并公开公示 | 平台经营者应当遵循公开、公平、公正的原则，制定平台服务协议和交易规则，明确进入和退出平台、商品和服务质量保障、消费者权益保护、个人信息保护等方面的权利和义务。（《电子商务法》第三十二条）<br>平台经营者应当在其首页显著位置持续公示平台服务协议和交易规则信息或者上述信息的链接标识，并保证经营者和消费者能够便利、完整地阅览和下载。（《电子商务法》第三十三条） |
| | | 修改规则公开征求意见 | 平台经营者修改平台服务协议和交易规则，应当在其首页显著位置公开征求意见，采取合理措施确保有关各方能够及时充分表达意见。修改内容应当至少在实施前七日予以公示。（《电子商务法》第三十四条）<br>网络交易平台经营者修改平台服务协议和交易规则的，应当完整保存修改后的版本生效之日前三年的全部历史版本，并保证经营者和消费者能够便利、完整地阅览和下载。（《网络交易监督管理办法》第二十八条） |
| | | 违规处置措施公示 | 平台经营者依据平台服务协议和交易规则对平台内经营者违反法律、法规的行为采取警示、暂停或者终止服务等措施的，应当及时公示。（《电子商务法》第三十六条）<br>应当自决定作出处理措施之日起一个工作日内予以公示，载明平台内经营者的网店名称、违法行为、处理措施等信息。警示、暂停服务等短期处理措施的相关信息应当持续公示至处理措施实施期满之日止。（《网络交易监督管理办法》第三十条） |
| 4 | 平台自营合规 | 自营提供发票 | 电子商务经营者销售商品或者提供服务应当依法出具纸质发票或者电子发票等购货凭证或者服务单据。（《电子商务法》第十四条） |
| | | 网络交易商品合规 | 销售的商品或者提供的服务应当符合保障人身、财产安全的要求和环境保护要求，不得销售或者提供法律、行政法规禁止交易的商品或者服务。（《电子商务法》第十三条）<br>网络交易经营者销售的商品或提供的服务应当符合保障人身、财产安全的要求和环境保护要求，不得销售或者提供法律、行政法规禁止交易，损害国家利益和社会公共利益，违背公序良俗的商品或者服务。（《网络交易监督管理办法》第十一条） |
| | | 跨境业务合规 | 电子商务经营者从事跨境电子商务，应当遵守进出口监督管理的法律、行政法规和国家有关规定。（《电子商务法》第二十六条） |

续表

| 序号 | 主要环节 | | 法定义务 |
| --- | --- | --- | --- |
| 4 | 平台自营合规 | 履行商品交付约定或承诺（不得通过格式条款排除消费者权利） | 电子商务经营者应当按照承诺或者与消费者约定的方式、时限向消费者交付商品或者服务，并承担商品运输中的风险和责任。但是，消费者另行选择快递物流服务提供者的除外。（《电子商务法》第二十条）<br>网络交易经营者向消费者提供商品或者服务使用格式条款、通知、声明等的，应当以显著方式提请消费者注意与消费者有重大利害关系的内容，并按照消费者的要求予以说明，不得含有禁止性内容。（《网络交易监督管理办法》第二十一条） |
| | | 押金续费合规 | 网络交易经营者应当明示押金退还的方式、程序，不得对押金退还设置不合理条件。（《电子商务法》第二十一条）<br>网络交易经营者采取自动展期、自动续费等方式提供服务的，应当在消费者接受服务前和自动展期、自动续费等日期前五日，以显著方式提请消费者注意，由消费者自主选择；在服务期间内，应当为消费者提供显著、简便的随时取消或者变更的选项，并不得收取不合理费用。（37号令第十八条） |
| | | 自营业务标识 | 平台经营者在其平台上开展自营业务的，应当以显著方式区分标记自营业务和平台内经营者开展的业务，不得误导消费者。电子商务平台经营者对其标记为自营的业务依法承担商品销售者或者服务提供者的民事责任。（《电子商务法》第三十七条） |
| 5 | 配合监管合规 | 报送监管信息 | 电子商务平台经营者应当按照规定向市场监督管理部门报送平台内经营者的身份信息，提示未办理市场主体登记的经营者依法办理登记，并配合市场监督管理部门，针对电子商务的特点，为应当办理市场主体登记的经营者办理登记提供便利。（《电子商务法》第二十八条）<br>网络交易平台经营者应当依照法律、行政法规的规定，向市场监督管理部门报送有关信息。网络交易平台经营者应当分别于每年1月和7月向住所地省级市场监督管理部门报送平台内经营者的下列身份信息：（一）已办理市场主体登记的平台内经营者的名称（姓名）、统一社会信用代码、实际经营地址、联系方式、网店名称以及网址链接等信息；（二）未办理市场主体登记的平台内经营者的姓名、身份证件号码、实际经营地址、联系方式、网店名称以及网址链接、属于依法不需要办理市场主体登记的具体情形的自我声明等信息；其中，对超过《网络交易监督管理办法》第八条第三款规定额度的平台内经营者进行特别标示。（《网络交易监督管理办法》第二十五条） |

续表

| 序号 | 主要环节 | | 法定义务 |
|---|---|---|---|
| 5 | 配合监管合规 | 配合监管提供数据 | 有关主管部门依照法律、行政法规的规定要求电子商务经营者提供有关电子商务数据信息的，电子商务经营者应当提供。（《电子商务法》第二十五条）<br>网络交易经营者应当按照国家市场监督管理总局及其授权的省级市场监督管理部门的要求，提供特定时段、特定品类、特定区域的商品或者服务的价格、销量、销售额等数据信息。（《网络交易监督管理办法》第二十二条） |
| | | 商家违规处置之后向属地监管部门报告 | 电子商务平台经营者发现平台内的商品或者服务信息存在违反《电子商务法》第十二条（资质）、第十三条（人身安全和违禁）规定情形的，应当依法采取必要的处置措施，并向有关主管部门报告。（《电子商务法》第二十九条）<br>网络交易平台经营者应当对平台内经营者及其发布的商品或者服务信息建立检查监控制度。网络交易平台经营者发现平台内的商品或者服务信息有违反市场监督管理法律、法规、规章，损害国家利益和社会公共利益，违背公序良俗的，应当依法采取必要的处置措施，保存有关记录，并向平台住所地县级以上市场监督管理部门报告。（《网络交易监督管理办法》第二十九条） |
| | | 跨境业务合规 | 电子商务经营者从事跨境电子商务，应当遵守进出口监督管理的法律、行政法规和国家有关规定。（《电子商务法》第二十六条） |
| 6 | 平台行为合规 | 营销推荐合规 | 电子商务经营者根据消费者的兴趣爱好、消费习惯等特征向其提供商品或者服务的搜索结果的，应当同时向该消费者提供不针对其个人特征的选项；向消费者发送广告的，应当遵守《广告法》的有关规定。（《电子商务法》第十八条）电子商务经营者搭售商品或者服务，应当以显著方式提请消费者注意，不得将搭售商品或者服务作为默认同意的选项。（《电子商务法》第十九条）<br>网络交易经营者未经消费者同意或者请求，不得向其发送商业性信息。发送商业性信息时，应当明示其真实身份和联系方式，并向消费者提供显著、简便、免费的拒绝继续接收的方式。消费者明确表示拒绝的，应当立即停止发送，不得更换名义后再次发送。（《网络交易监督管理办法》第十六条）<br>网络交易经营者以直接捆绑或者提供多种可选项方式向消费者搭售商品或者服务的，应当以显著方式提醒消费者注意。提供多种可选项方式的，不得将搭售商品或者服务的任何选项设定为消费者默认同意，不得将消费者以往交易中选择的选项在后续独立交易中设定为消费者默认选择。（《网络交易监督管理办法》第十七条） |

续表

| 序号 | 主要环节 | | 法定义务 |
|---|---|---|---|
| 6 | 平台行为合规 | 不得滥用市场支配地位排除限制竞争 | 电子商务经营者因其技术优势、用户数量、对相关行业的控制能力以及其他经营者对该电子商务经营者在交易上的依赖程度等因素而具有市场支配地位的，不得滥用市场支配地位，排除、限制竞争。（《电子商务法》第二十二条） |
| | | 收集个人信息合规 | 电子商务经营者收集、使用其用户的个人信息，应当遵守法律、行政法规有关个人信息保护的规定。（《电子商务法》第二十三条）<br>网络交易经营者收集、使用消费者个人信息，应当遵循合法、正当、必要的原则，明示收集、使用信息的目的、方式和范围，并经消费者同意。网络交易经营者收集、使用消费者个人信息，应当公开其收集、使用规则，不得违反法律、法规的规定和双方的约定收集、使用信息。网络交易经营者不得采用一次概括授权、默认授权、与其他授权捆绑、停止安装使用等方式，强迫或者变相强迫消费者同意收集、使用与经营活动无直接关系的信息。收集、使用个人生物特征、医疗健康、金融账户、个人行踪等敏感信息的，应当逐项取得消费者同意。网络交易经营者及其工作人员应当对收集的个人信息严格保密，除依法配合监管执法活动外，未经被收集者授权同意，不得向包括关联方在内的任何第三方提供。（《网络交易监督管理办法》第十三条） |
| | | 保证用户信息查询、更正、删除、注销权利 | 电子商务经营者应当明示用户信息查询、更正、删除以及用户注销的方式、程序，不得对用户信息查询、更正、删除以及用户注销设置不合理条件。电子商务经营者收到用户信息查询或者更正、删除的申请的，应当在核实身份后及时提供查询或者更正、删除用户信息。用户注销的，电子商务经营者应当立即删除该用户的信息；依照法律、行政法规的规定或者双方约定保存的，依照其规定。（《电子商务法》第二十四条） |
| | | 网络安全保障 | 电子商务平台经营者应当采取技术措施和其他必要措施保证其网络安全、稳定运行，防范网络违法犯罪活动，有效应对网络安全事件，保障电子商务交易安全。电子商务平台经营者应当制定网络安全事件应急预案，发生网络安全事件时，应当立即启动应急预案，采取相应的补救措施，并向有关主管部门报告。（《电子商务法》第三十条） |

续表

| 序号 | 主要环节 | | 法定义务 |
|---|---|---|---|
| 6 | 平台行为合规 | 不得滥用平台优势地位 | 电子商务平台经营者不得利用服务协议、交易规则以及技术等手段，对平台内经营者在平台内的交易、交易价格以及与其他经营者的交易等进行不合理限制或者附加不合理条件，或者向平台内经营者收取不合理费用。（《电子商务法》第三十五条）<br>网络交易平台经营者不得对平台内经营者在平台内的交易、交易价格以及与其他经营者的交易等进行不合理限制或者附加不合理条件，干涉平台内经营者的自主经营。具体包括：（一）通过搜索降权、下架商品、限制经营、屏蔽店铺、提高服务收费等方式，禁止或者限制平台内经营者自主选择在多个平台开展经营活动，或者利用不正当手段限制其仅在特定平台开展经营活动；（二）禁止或者限制平台内经营者自主选择快递物流等交易辅助服务提供者；（三）其他干涉平台内经营者自主经营的行为。（《网络交易监督管理办法》第三十二条） |
| | | 明知应知采取必要措施 | 电子商务平台经营者知道或者应当知道平台内经营者销售的商品或者提供的服务不符合保障人身、财产安全的要求，或者有其他侵害消费者合法权益行为，未采取必要措施的，依法与该平台内经营者承担连带责任。对关系消费者生命健康的商品或者服务，电子商务平台经营者对平台内经营者的资质资格未尽到审核义务，或者对消费者未尽到安全保障义务，造成消费者损害的，依法承担相应的责任。（《电子商务法》第三十八条） |
| | | 建立信用评价制度并管理 | 电子商务平台经营者应当建立健全信用评价制度，公示信用评价规则，为消费者提供对平台内销售的商品或者提供的服务进行评价的途径。电子商务平台经营者不得删除消费者对其平台内销售的商品或者提供的服务的评价。（《电子商务法》第三十九条）<br>消费者评价中包含法律、行政法规、规章禁止发布或者传输的信息的，网络交易经营者可以依法予以技术处理。（《网络交易监督管理办法》第十五条） |
| | | 竞价排名标记广告 | 电子商务平台经营者应当根据商品或者服务的价格、销量、信用等以多种方式向消费者显示商品或者服务的搜索结果；对于竞价排名的商品或者服务，应当显著标明“广告”。（《电子商务法》第四十条） |
| | | 知识产权保护 | 电子商务平台经营者应当建立知识产权保护规则，与知识产权权利人加强合作，依法保护知识产权。（《电子商务法》第四十一条）<br>转通知义务（《电子商务法》第四十二条、第四十三条）<br>公示通知声明及结果（《电子商务法》第四十四条）<br>明知应知采取必要措施义务。（《电子商务法》第四十五条） |

续表

| 序号 | 主要环节 | | 法定义务 |
|---|---|---|---|
| 6 | 平台行为合规 | 协助解决争议 | 电子商务经营者应当建立便捷、有效的投诉、举报机制，公开投诉、举报方式等信息，及时受理并处理投诉、举报。（《电子商务法》第五十九条）<br>消费者在电子商务平台购买商品或者接受服务，与平台内经营者发生争议时，电子商务平台经营者应当积极协助消费者维护合法权益。（《电子商务法》第六十一条）<br>电子商务平台经营者可以建立争议在线解决机制，制定并公示争议解决规则，根据自愿原则，公平、公正地解决当事人的争议。（《电子商务法》第六十三条） |
| | | 交易行为合规 | 电子商务平台经营者可以按照平台服务协议和交易规则，为经营者之间的电子商务提供仓储、物流、支付结算、交收等服务。电子商务平台经营者为经营者之间的电子商务提供服务，应当遵守法律、行政法规和国家有关规定，不得采取集中竞价、做市商等集中交易方式进行交易，不得进行标准化合约交易。（《电子商务法》第四十六条） |

## 二、现有认定电子商务平台经营者的主要方法

根据《电子商务法》《网络交易监督管理办法》的规定以及相关案例，目前学术界和实务界对于如何认定电子商务平台经营者通常有以下三个观点。

一是四功能要素齐全说。即一个平台经营者需具备“提供网络经营场所、商品浏览、订单生成、在线支付”四个功能要素方可以被认定为电子商务平台经营者，在被认定为电子商务平台经营者后，其才需要依法承担《电子商务法》规定的电商平台经营者的法定义务及其法律责任。该认定方法的主要问题在于新的平台经营者逐渐介入电子商务交易领域并实现了电子交易，而因不具备四功能要素不能被认定为电子商务平台经营者，从而不用承担任何电子商务平台的法定义务。更极端的情形是个别平台经营者故意在商业模式中回避四要素中的个别要素，导致其规避电子商务平台经营者主体法律责任。

二是单功能要素说。即一个平台经营者具备“提供网络经营场所、

商品浏览、订单生成、在线支付”四个功能之一就可以被认定为属于电子商务平台经营者。这将导致出现较大问题：平台经营者在实际履行电子商务平台经营者主体义务时难以履行其不存在的功能要素所对应的法定义务。

三是对应功能要素说。即一个平台经营者具备“提供网络经营场所、商品浏览、订单生成、在线支付”四个功能的对应功能就可以被认定为类电子商务平台，需依法承担《电子商务法》规定的功能要素所对应的法定义务。

前述三种认定电子商务平台经营者的观点所采取的认定标准及主要示例比较如图 7-1 所示。

| | 认定标准 | 示例 |
|---|---|---|
| 四功能要素齐全说 | 为平台内经营者提供网络经营场所、商品浏览、订单生成、在线支付等服务 | 正面举例：淘宝、京东、唯品会等传统电商<br>反面例子：社交电商（如微信群接龙、团购）等 |
| 单功能要素说 | 《网络交易监督管理办法》第七条网络交易平台定义：为交易双方或者多方提供网络经营场所、交易撮合信息发布等服务，具备其中一个要素即属于电商平台 | 正面举例：二类电商（链接跳转，线下收货付款）<br>反面举例：短视频带货、文章带货、公众号带货等 |
| 对应功能要素说 | 为平台内经营者提供网络经营场所、商品浏览、订单生成、在线支付等其中一项或多项服务的，履行对应责任 | 正面举例：直播带货完成闭环的履行全部义务，跳转其他平台成交的履行信息发布的<br>二类电商（履行资质核验和信息发布对应） |

**图 7-1　三种认定电子商务平台经营者的观点比较**

## 三、基于对应功能要素说的电商平台认定新方法

根据商务部发布的《第三方电子商务交易平台服务规范》对于第三方电子商务交易平台的定义“在电子商务活动中为交易双方或多方提供交易撮合及相关服务的信息网络系统总和”，电子商务平台可分为三类：第三方电商平台、自营电商平台、混合电商平台（既有第三方电商平台业务，又有自营电商平台业务）。

根据控制力理论，一个平台经营者只有能实际控制电子商务交易的关键环节和关键要素，其才应被认定为电子商务平台经营者，才需要依法履行现有法规规定的电子商务平台经营者的法定义务。

从功能要素角度来看，实际业务中第三方电商平台在交易双方达成交易过程中发挥的作用有：（1）提供网页空间，如淘宝提供店铺网址，商家可自行发布商品信息等；（2）提供虚拟经营场所，卖家可在网络经营场所发品、与买家讨价还价等；（3）提供入驻、发品、争议解决等规则；（4）通过搜索推荐、广告推荐等方式撮合交易；（5）买卖双方发布信息进行互动，如商家发品、买家点评等；（6）通过接入第三方支付工具，为用户、商家提供结算服务；（7）安全保障，如信息安全、交易安全（款项延期支付等）、争议解决等；（8）对商家和用户违规行为进行管理，维护健康生态；（9）其他功能，如物流信息查看等。

基于电商平台经营者实际所提供的核心服务属于中介服务，可以提出认定电子商务平台经营者的核心特征六要素说，即一个互联网平台只要具备合同关系、商家入驻、主体展示、票据开具、违规管控和制定规则六个核心特征要素即可被认定为电子商务平台经营者。

最后，基于控制力理论以及对应功能要素说，即使互联网平台不具备认定电商平台的核心六要素，但其发挥了电商平台所承担的互联网平台中介功能，其就属于类电子商务平台。

## 第三节　平台托管业务经营者法律属性及其法律地位

随着信息技术的发展和商业供求关系的变化，各大平台陆续推出全托管和半托管模式。对于这种新模式，下面从平台责任界定角度予以分析。

## 一、平台托管业务简介

半托管以及全托管业务模式最早出现于跨境出口零售电商领域。跨境电商行业链长、经营环节复杂、专业性较强，从生产供货、选品定价、仓储物流，到把货送到海外消费者手里，以及营销推广、客服沟通、售后服务，诸多环节有各种分工组合形式。跨境电商零售出口半托管以及全托管模式逐渐兴起。表 7-2 总结了各大平台的半托管和全托管模式。

**表 7-2　各大平台的半托管和全托管模式**

| 序号 | 平台 | 合作主要模式 | 设计 | 货品生产 | 定价 | 备货 | 收费 | 运营 | 营销 | 履约（物流） | 售后 |
|---|---|---|---|---|---|---|---|---|---|---|---|
| 1 | SHEIN | ODM（供应商模式） | 希音小二选择产品款式 | 商家自行打版配合小二进行生产 | SHEIN | 入 SHEIN 国内仓 | 无 | SHEIN | SHEIN | SHEIN | SHEIN |
| 2 | SHEIN | OEM（供应商模式） | 希音小二给设计模版 | 商家按照模版进行生产 | SHEIN | 入 SHEIN 国内仓 | 无 | SHEIN | SHEIN | SHEIN | SHEIN |
| 3 | SHEIN | OBM 全托管模式 | SHEIN | 商家按照模版进行生产 | 商家提供供应价，SHEIN 制定销售价 | 入 SHEIN 国内仓，平台上门取货 | 无入驻费及运营成本 | SHEIN | SHEIN | SHEIN | SHEIN |
| 4 | SHEIN | 半托管模式 | 商家 | 商家 | 商家提供供货价格，SHEIN 协助运营与定价 | 海外本地有库存 | 无佣金，无保证金，零成本开店销售 | SHEIN | SHEIN | 卖家负责本地履约配送至消费者 | SHEIN |
| 5 | SHEIN | 第三方卖家模式 | 商家 | 商家 | 商家 | 不入仓 | 营销推广等 | 商家 | 商家 | 商家 | 商家 |
| 6 | SHEIN | 代运营模式 | 商家 | 商家 | SHEIN 在商家委托范围内定价 | 不入仓 | 代运营费用、营销费用等 | SHEIN | SHEIN | SHEIN | SHEIN |

续表

| 序号 | 平台 | 合作主要模式 | 设计 | 货品生产 | 定价 | 备货 | 收费 | 运营 | 营销 | 履约（物流） | 售后 |
|---|---|---|---|---|---|---|---|---|---|---|---|
| 7 | Temu | 全托管：VMI模式（备货模式） | 商家 | 商家 | 商家提供供应价，Temu制定销售价 | 入Temu国内仓，但经过选品、寄样、审版、图审等多个环节 | 无佣金扣点 | Temu | Temu | Temu | Temu |
| 8 | Temu | 全托管：JIT模式（预售模式） | 商家 | 商家 | 商家提供供应价，Temu制定销售价 | 不入Temu国内仓 | 无佣金扣点 | Temu | Temu | Temu | Temu |
| 9 | Temu | 全托管：OBM模式 | 商家打样平台审品 | 商家 | 商家提供供应价，Temu制定销售价，核价灵活 | 入Temu国内仓，但经过选品、寄样、审版、图审等多个环节 | 无佣金扣点 | Temu | Temu | Temu | Temu |
| 10 | Temu | 本对本半托管模式 | 商家 | 商家 | 商家具有一定的定价权，但Temu确定销售价不得超过亚马逊 | 不入Temu国内仓，进入海外仓 | 无佣金扣点 | Temu | Temu | 商家 | Temu |
| 11 | TikTok | 全托管自营模式 | 商家 | 平台参与审核选品，商家生产后寄样 | 商家提供供应价，TikTok制定销售价 | 入TikTok国内仓 | 入驻无佣金，无保证金，无入驻费，无海外仓储成本 | TikTok | TikTok | TikTok | TikTok |
| 12 | TikTok | TikTok半托管模式 | 商家 | 商家 | 商家提供供应价，TikTok制定销售价 | 不入TikTok国内仓，进入海外仓 | 入驻无佣金，无保证金，无入驻费，无海外仓储成本 | TikTok | TikTok | 商家 | TikTok |

综合上述模式的特点为：生产商主要负责商品设计、生产、国内端物流，而跨境电商平台负责在线营销、售后履约、解决争议等。

近两年来，商家供给端的变化为：传统产业商品面临较大过剩，各大生产商以及经销商去库存压力加大，之前未进入电商零售领域的源头厂商以及各种贸易商逐渐探索入驻电商平台开展直接销售，但其缺乏在线营销以及售后服务能力。消费者需求端变化为：国内消费需求受疫情等各种因素影响增长乏力，消费者更加希望获得性价比高的商品，多平台、多商家比价动力比较明显，对价格更加敏感。在这种情形下，国内各大电商平台逐渐开展半托管以及全托管业务。

简单从传统平台业务和自营业务对比的角度来看托管业务中各方的分工模式如表 7–3 所示。

表 7–3 不同业务模式下商家与平台的分工

| 分工关系 | 第三方平台业务 | 平台自营业务 | 托管模式 |
|---|---|---|---|
| 1. 合同关系 | 商家 | 无 | 以店铺形式入驻平台 |
| 2. 商家入驻 | 商家入驻平台 | 入驻 | 入驻平台或托管业务主体 |
| 3. 主体展示 | 商家 | 自营主体 | 展示托管业务主体以及商家主体 |
| 4. 商品发布 | 商家 | 自营主体 | 商家委托托管业务主体 |
| 5. 价格确定 | 商家 | 自营主体 | 商家自营或委托托管业务主体 |
| 6. 营销促销 | 商家 | 自营主体 | 商家自营或委托托管业务主体 |
| 7. 票据开具 | 商家 | 自营主体 | 商家 |
| 8. 货款结算 | 商家 | 自营主体 | 商家 |
| 9. 物流配送 | 商家委托 | 自营主体 | 商家自营或委托托管业务主体 |
| 10. 售后服务（争议解决） | 商家售后先介入，平台后调解 | 自营售后先行处置，平台客服介入 | 商家自营或委托托管业务主体 |
| 11. 违规行为管理 | 接受平台管理 | 接受平台管理 | 接受平台以及托管业务主体 |
| 12. 交易规则制定 | 平台制定 | 平台负责制定 | 平台以及托管业务主体 |

## 二、托管业务模式的商业合理性及其价值

判断一种商业模式合理性最直接的标准就是衡量其给相关参与方带来价值。从这个角度来看托管业务模式对参与各方主要的价值有以下几方面。

第一，对消费者来说，主要体现的优势和价值在于：（1）增加商品供给丰富度，为消费者提供更多更优质的多样化选择。以电商平台引入无电商运营能力的源头工厂为例，该模式会大量增加平台内商家的数量

和商品的丰富度，为消费者提供更多优质的选择。（2）降低商品销售价格，有利于提高消费者网购体验满意度。商家通过托管模式开展经营，以降低价格来换取大量订单，消费者可以低于平时的价格购买商品，消费者获得更多实惠，提升其网购满意度。

第二，对平台内商家来说，主要体现的优势和价值在于：（1）扩大营销渠道和用户覆盖面。原有源头商家仅在传统 B2C 平台以批发的形式开展批量供货，而进入零售电商平台内的商家可以直接面对整体用户进行营销。（2）降低网络运营门槛，提高专业化分工能力。利用托管和半托管模式，商家与平台根据优势进行合理分工，发挥各自优势，有利于提升各自专业能力。（3）快速实现销售增量和去库存，提高商家库存周转率和经营效率。商家可通过集中运营活动获得巨量订单，短时间实现商品销售，有利于提升其经营效率。

第三，对平台来说，主要体现的优势和价值在于：（1）提升网络交易双方满意度。通过托管模式，卖家可提升商品的转化率，用户可增加选择和获得更低价格，从而提升双方的满意度。（2）提高网络交易运营效率。电商平台通过托管业务模式，促进双方成交和流量转化效率，提升订单达成效率，有利促进电商平台发挥更大价值。

## 三、平台托管业务实际经营者的法律地位

### （一）平台托管业务经营者属于电商平台的一部分

（1）电子商务平台经营者并非一个特定的经营主体，而是由多个关联公司组成的经营主体集合。

根据《电子商务法》第九条“电子商务平台经营者是指在电子商务中为交易双方或者多方提供网络经营场所、交易撮合、信息发布等服务，供交易双方或者多方独立开展交易活动的法人或者非法人组织”的规定以及《网络交易监督管理办法》第七条“本办法所称网络交易平台经营者，是指在网络交易活动中为交易双方或者多方提供网络经营场

所、交易撮合、信息发布等服务，供交易双方或者多方独立开展网络交易活动的法人或者非法人组织”的规定等，目前学界认定电商平台经营者往往采用四功能要素齐全说，即经营者需具备“提供网络经营场所、商品浏览、订单生成、在线支付”四个功能要素方可以被认定为电子商务平台经营者。另外，根据目前电商平台的界定实践，承载电商平台不同功能要素的并非必须要为同一经营主体，故电商平台经营者并非特指持电信与信息服务业务经营许可证（ICP）经营主体，也并非特指软件开发主体或者服务提供主体，而是可能由多种经营主体组成的经营主体集合。而前述被认定为电商平台经营者的经营者主体之间往往属于关联公司关系。

（2）电商平台经营者可自行确定其内部各经营主体的具体职能分工，但涉及用户和商家的，应向用户和商家充分告知。

电子商务平台经营者的特殊性在于其既是追求正当利益的经营者（以提供技术服务等形式收取费用），又是平台内秩序的维护者，对平台内商家违规行为进行处置（以规则形式提前与商家约定义务，违约则平台处置）。

在法律意义上，只要电子商务平台经营者（相关经营主体集合）依法履行法定义务即可，而不强制规定由某个具体经营主体来依法履行何种义务。故关于托管业务主体店铺内商家以及商品的平台管理职责是由持电信与信息服务业务经营许可证主体还是托管实际运营主体履行并无法律强制性要求，可由电商平台经营者自行通过内部协议、规则或其他形式予以确定。但涉及商家收费、管理以及用户管理的部分，应保障对方知情权。

（3）托管实际运营主体可按照电商平台内部分工（以协议或其他形式予以确定）履行电子商务平台的管控职责，但应以平台经营协议或规则的形式告知平台内相关经营者。

综上所述，平台托管实际业务经营者开展的工作主要包括：一是提供网络空间（托管业务主体）接受商家或商品入驻平台；二是平台部分管理职能，对托管业务店铺中的经营者的行为进行管理，如商品进入或退出平台等；三是接受商家委托提供相关营销推广服务并收取费用；四是托管业务承载主体接受商家委托提供相关售后争议处理服务，通过自营客服承担部分售后争议解决工作。

从前述主要业务来看，托管实际业务经营者履行了部分电子商务平台经营者的职责，如托管业务店铺内的商品进入或退出平台等。从这个意义上，托管实际经营的业务属于营销或促销活动的一部分，区别仅在于其实现形式是平台内频道还是平台内托管业务店铺，本质并未改变。

托管实际业务经营者属于电子商务平台经营者，具体业务需要按照《电子商务法》的要求开展，以平台经营协议或规则的形式明确告知平台内相关经营者。

根据前述分析，托管业务经营者被认定为电商平台经营者的必需条件如下。

（1）主体要件。经营主体要属于现有电商平台经营主体集合中的关联公司。与平台无任何关联关系的经营者在认定电商平台经营主体集合时缺乏正当合理性。

（2）公示要件。平台以公告、协议或者规则的形式告知平台内经营者托管业务实际运营主体的性质、主要分工以及实际职责等。

（3）实质要件。托管业务实际运营主体按照平台对商家公告的内容实质性提供相关服务或开展实际管控（平台治理）。

在满足前述条件的情形下，托管业务实际运营主体被认定为平台经营者并无法理上的障碍，认定是否属于同一平台经营者的要素和要点如表 7-4 所示。

**表 7-4　认定是否属于同一平台经营者的要素和要点**

| 序号 | 认定要素 | 要点 |
|---|---|---|
| 1 | 主体资质 | 是否获得电信与信息服务业务经营许可证以及其他电商平台备案并进行单独展示 |
| 2 | 网络空间 | 是否属于同一网络空间（如同一 IP，同一 App） |
| 3 | 规则制定 | 是否负责制定进入平台、交易、违规处置等规则 |
| 4 | 平台管理 | 是否实际负责最终成交订单商家的管理 |

续表

| 序号 | 认定要素 | 要点 |
|---|---|---|
| 5 | 链接方式 | 是否二次登录或授权登录，或者直接跳转其他端口 |
| 6 | 自主标示 | 是否标示自营或带有平台字样 |
| 7 | 订单成交 | 订单在哪个平台系统成交 |
| 8 | 争议解决 | 是否承担平台客服调解职能 |

### （二）平台托管业务属于电商平台类营销服务而并非自营销售业务

认定电商平台第三方经营者销售业务的必需条件如表 7–5 所示。

**表 7–5　认定电商平台第三方经营者销售业务的必需条件**

| 序号 | 认定要素或指标 | 第三方平台 |
|---|---|---|
| 1 | 合同关系 | 与商家和消费者是三方合同关系 |
| 2 | 商家入驻 | 商家入驻平台 |
| 3 | 主体展示 | 展示平台资质及各类备案 |
| 4 | 票据开具 | 商家 |
| 5 | 违规行为管理 | 平台负责管理 |
| 6 | 交易规则 | 平台制定 |

从表 7–5 可见，电商平台托管业务并非电商平台自营销售业务，其本质上属于平台类营销服务，从传统的营销服务扩展至商品运营以及售后支持等方面，但并未改变类营销服务的本质。

## 第四节　网络交易平台与连带惩罚性赔偿责任

2022 年 5 月 25 日，重庆市市场监督管理局、重庆市高级人民法院、重庆市药品监督管理局、重庆市消费者权益保护委员会四部门印发《关于推进落实食品药品领域惩罚性赔偿制度的实施办法（试行）》的通知，其中在第五条规定了网络交易平台在特定情形下应连带承担惩罚性赔偿责任，即“以下市场主体未履行法定义务，使消费者的合法权益受到损害，消费者主张其连带承担惩罚性赔偿责任的，人民法院应予支持……（二）网络食品交易第三方平台违反《食品安全法》第六十二条规定的……”2022 年 8 月 15 日，杭州市市场监督管理局、杭州市中级人民法院、杭州市人民检察院、杭州市消费者权益保护委员会四部门联合起草《关于进一步强化落实食品药品领域惩罚性赔偿制度的实施办法（试行）（征求意见稿）》，其中第五条规定了与前述内容相同的内容，但在 2022 年 11 月 15 日发布的正式文件中予以删除。

笔者认为，上述将网络交易平台纳入惩罚性损害赔偿责任的连带责任主体的相关意见是不适当的，主要理由如下。

一是从历史溯源的角度来看，上述连带责任设置违背了惩罚性赔偿设定的初衷。英美法系中的惩罚性赔偿起源于 1763 年的 Huckle v. Money 一案，此时的惩罚性赔偿主要限于精神性损害赔偿，如诽谤、恶意攻击、私通、诬告、非法拘禁等案件。到了 19 世纪，惩罚性损害赔偿逐渐转向抑制和制裁不法侵权行为，而不再受限于弥补精神损害。从功能角度来看，惩罚性赔偿最主要的目的在于借助高额惩罚性损害赔偿，弥补侵权责任在抑制侵权行为发生上的不足，并且这种适用并不限于侵权纠纷，也同样适用于合同纠纷中，事实上惩罚性赔偿在合同领域的适用已经成为一种趋势。我国于 1993 年首度在《消费者权益保护法》中规定惩罚性赔偿制度。目前，我国法律规范中关于惩罚性损害赔偿主要包括以下几个方面：（1）侵犯知识产权（《民法典》第一千一百八十五条）；（2）产品缺陷（《民法典》第一千二百零七条）；（3）环境侵权（《民法典》第一千二百三十二条）；（4）欺诈行为（《消费者权益保护法》第五十五条）；（5）不合标准的食品销售（《食品安全法》第一百四十八条）；（6）商品房买卖中的“一房二卖”或抵押（《最高人民法院关于审理商品房买卖合同纠纷案件适用法律若干问题的解释》第八条）等。从规则体系来看，《食品安全法》第一百四十八条规定了惩罚性赔偿，其责任主体限于生产者和经营者。第一百三十一条和第一百三十条分别规定了平台和集中交易市场的开办者、柜台出租者、展销会的举办者在监督不力时的连带责任。从这样的制度设计可以看出立法者将惩罚性赔偿限缩适用的立法态度。惩罚性赔偿制度是为了惩罚作出侵权行为的责任人，从根源上抑制侵权责任的发生。网络交易平台不是侵权行为的责任人（食品生产者及销售者），并已经通过审核主体资质履行了自身所负担的抑制侵权责任发生的义务，因此，将其纳入惩罚性损害赔偿责任的连带责任主体，从法律所追求的公平正义角度来看是不适合的。

二是从法理溯源的角度来看，上述连带责任设置并无法理支撑。从侵权法理论来看，侵权责任的基本原则应是责任主体仅需承担由自身侵权行为而导致的赔偿责任。《食品安全法》第六十二条、第一百三十一条所规定的连带责任，属于法定的不真正连带责任，有别于真正连带责任中的侵权行为人之间存在意思联络，平台和食品销售者、生产者不存在侵权行为主观意思的联络。在适用不真正连带责任时，更应采取谨慎的态度，因为不真正连带责任的主体所承担的损害赔偿责任，与其侵权行为所造成损害结果之间的因果关系更为薄弱。因此，将网络交易平台纳入惩罚性损害赔偿责任的连带责任主体，从法理学的来源来看并不存在充分的正当性。

三是从实施效果的角度来看，上述连带责任设置可能无法达到预期效果。将平台主体纳入惩罚性连带责任主体范畴，考虑由平台等第三方主体承担事实上的兜底责任，则食品药品经营者实施食品药品违法行为的成本大大降低，将导致食品药品实际经营者主动合规的动力不足，不利于压实食品药品生产经营者的主体责任，不利于惩罚真正的违法责任承担主体。

《立法法》第八条、第八十二条规定，民事基本制度只能由法律规定，没有法律、行政法规、地方性法规的依据，地方政府规章不得设定减损公民、法人和其他组织权利或者增加其义务的规范。依照上述意见，增加平台承担惩罚性损害赔偿的连带责任，必须具有法律、行政法规或地方性法规的依据。目前，根据《民法典》《消费者权益保护法》《食品安全法》的相关规定，无法得出连带责任可以扩张至惩罚性损害赔偿，而根据《民法典》关于连带责任的相关规定，平台承担的连带责任范围应限于消费者的实际损失。

# 第八章　聚合类互联网平台的法律责任界定

## 本章要点

在实然层面上，从监管规范与执法实践来看，我国法律法规对聚合出行平台商业模式及行为目前暂无明确统一的界定，不同层级、不同地方的监管部门对应当将聚合出行平台定位为承运人还是信息服务中介存在困惑，对于聚合出行平台到底应当承担怎样的平台义务，尤其是对聚合出行平台与网约车平台责任应当如何界分存在一定的分歧。从私法规范与司法实践来看，在合同法视域下，认定聚合出行平台相关合同义务的关键取决于对聚合出行平台与相关方签订合同性质的认定。比较明确的是，聚合出行平台与用户的合同被认定为客运服务合同的依据不足。实践中，法院也倾向于认定聚合出行平台为居间人（中介人），而非客运合同中的承运人。在侵权责任法视域下，由于聚合出行平台为乘客与网约车平台提供交易撮合和信息发布等交互服务，因此其也属于电子商务平台经营者的范畴。

在应然层面上，基于控制力视角对聚合出行平台的法律地位进行审视，聚合出行平台的控制力体现在三个方面：第一，对网约车平台线上服务的规范；第二，通过建立评价机制影响服务过程；第三，影响费用分配。但是聚合出行平台的控制力又明显弱于网约车平台。界定平台的法律地位时不能“一刀切”，应该具体问题具体分析。其中，最核心的评价标准就是聚合出行平台对平台内交易施加的控制力，并以此来判断其应当承担的义务边界，以实现权利与责任相一致、收益与风险相一致。

基于控制力的视角，由于聚合出行平台对客运服务的控制力相对较弱，不能被界定为承运人，故聚合出行平台虽无须承担承运人义务，但仍须承担一般平台需要承担的各类义务，包括民事义务和行政义务。

民事义务包括约定和法定两个方面。从约定义务看，聚合出行平台作为合同主体，需要遵守与用户以及与所接入的网约车平台之间的各种协议。从法定义务看，聚合出行平台作为中介人需要履行的主要义务包括《民法典》第九百六十二条规定的如实报告义务，《民法典》第五百零九条规定的遵循诚信原则履行通知、协助、保密等义务，《民法典》第八条规定的不得违背公序良俗的义务，以及侵权责任编的一般规定。

行政义务方面，从规范层面看，聚合出行平台涉及的相关要求主要来自《个人信息保护法》《数据安全法》《网络安全法》《消费者权益保护法》《电子商务法》。根据义务范围和强度，聚合出行平台的行政义务可分为特别法明文规定的“红线”义务，尤其是网络信息数据安全义务；平台经营者需履行的“底线”义务，尤其是平台内信息管理、安全保障、知识产权保护义务，以及相关规定所倡导的积极义务（或称平台社会责任）。

## 第一节 聚合类互联网平台的发展：以网约车聚合为例

出行服务模式的发展大致经历了单一的传统巡游出租车到网约车平台再到聚合平台三个阶段的演变。从历史发展的维度出发，考察出行服务发展的不同阶段中业务模式和服务方式的演变，有助于界定出行聚合互联网平台的商业模式。

### 一、传统巡游出租车模式

该商业模式下，存在出租车公司、司机、乘客三方主体。出租车公司在取得交通部门的行政许可后，购买车辆，招募司机。在承运价格上，巡游出租车是政府定价，纳入地方定价目录管理；在开票主体上，出租车公司负责向用户开具发票；在与司机的关系上，出租车公司为司机设定月度上缴金额并为其缴纳社保等，并通过制度管理司机，对拒载等违规行为进行处罚。[①]

从法律关系上看，乘客乘坐出租车时，与出租车公司之间成立运输服务合同关系，此时出租车公司承担承运人责任，具体而言：出租车公司需要履行《民法典》第十九章“运输合同”第一节“一般规定”和第二节“客运合同”规定的义务，不履行或履行不符合约定的，需要向乘客承担违约责任，构成侵权的，还要承担侵权责任。出租车公司与司机之间常常存在劳动合同关系，乘客与司机之间不存在合同关系，依据《民法典》第一千一百九十一条的规定，承运过程中的侵权行为引发的侵权责任由出租车公司承担。

## 二、网约车平台模式

随着互联网技术的发展，出行服务在互联网的加持下发展出网约车模式，典型的就是以滴滴出行为代表的网约车平台通过提供网络信息服务，为供需双方的匹配提供帮助。

滴滴出行出现于 2015 年 9 月，原名“滴滴打车”。目前，滴滴出行已发展成涵盖“打车”“代驾”“运货 / 搬家”“租 / 买车”等多项业务在内的一站式出行平台。在打车时，有“快车”“专车”“出租车”“拼车”“第三方服务商”等多种服务内容可供选择。

## 三、聚合平台模式

随着网约车平台数量的不断增多，为网约车平台和网约车用户提供

---

① 现实情况较为复杂，因不同城市管理的历史变革，有些城市还存在持有出租车牌照的个体，这些个体可能把出租车出租，也可能自己运营。由于这些模式只会影响责任界定的边界，不影响这里的分析，因此不予考虑。

信息整合、技术接口、线上支付融合、即时通信和安全中心服务的聚合平台应运产生。

聚合平台的法律结构更为复杂，涉及聚合平台、网约车平台、用户以及网约车驾驶员，各主体间形成以下合同关系（见图 8–1)。

第一，聚合平台与用户之间签订用户服务协议，一般约定聚合平台仅向用户提供网约车服务相关信息，并且明确聚合平台自身既不承担与运输服务相关的任何责任（包括纠纷解决），也不对来自网约车平台的信息进行任何担保或保证。

第二，聚合平台与网约车平台之间一般签订信息服务协议，约定前者提供信息服务，后者支付信息服务费。在该协议中，聚合平台同样将自身定位为信息服务提供者，负责向用户展示网约车平台的服务内容及动态信息，并明确自身不提供网约车服务。此外，聚合平台与网约车平台之间还有资金结算协议，对资金结算方式作出安排。

第三，网约车平台与用户之间成立客运合同，尽管部分法院在交通事故案件的裁判中仍认为网约车平台提供的是居间信息服务，但自《暂行办法》第十一条规定网约车平台承担承运人责任以来，用户与网约车平台之间成立客运合同在实务界与学术界已无较大争议。

第四，网约车驾驶员与网约车平台根据情况签订劳动合同或者其他协议，但与聚合平台之间不存在相应合同关系。

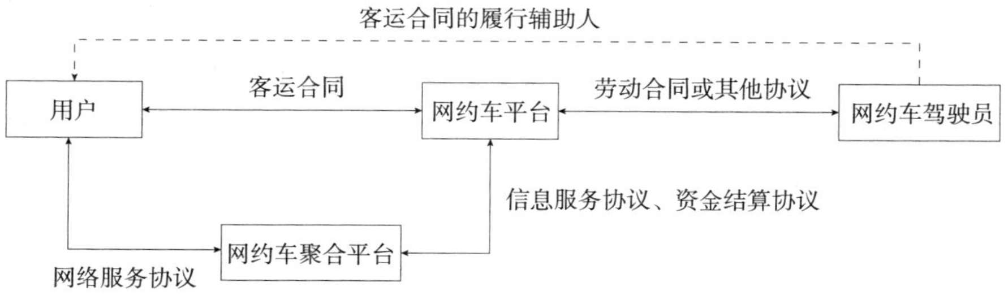


**图 8–1　网约车聚合平台的法律关系**

## 四、聚合平台的价值和法律挑战

聚合平台指的是在不跳转链接的情况下，通过技术手段实现对多个被链接网站上相关内容的获取、分析、整合与展示的互联网平台。[①]随着数字经济的发展，聚合平台又演化出一层新的含义，即作为连接用户与互联网平台的平台。

聚合模式是互联网数字经济背景下为互联网平台与用户提供交互服务的一种新型商业组织形式，聚合平台可以看成是“平台的平台”。[②]作为一种新型商业模式，聚合模式是互联网平台的高阶形态，是平台经济发展到一定阶段，分工深化、价值链延展的产物。聚合平台的出现进一步提升了市场效率，具有多方面的社会价值和经济价值。

其一，相比已有平台（比如网约车平台）连接着服务提供方和需求方，聚合平台通过接入更多互联网平台，进一步增加了平台上停留的服务提供方和需求方数量与类型，不仅做大了市场规模，增强了平台双边市场的网络外部性，而且提高了供需双方匹配成功的可能性与市场匹配效率。

其二，用户的需求具有多样性，市场的效率正来自对这种多样性需求的满足。任何平台不论规模多大，商业模式多么先进，往往只能覆盖市场部分需求。聚合平台通过接入更多的互联网平台，整合更多类型的服务提供商，提供比较、评价等服务，可以更好地满足不同层次和类型的用户需求，节约用户搜寻比较的成本，提升用户面对互联网平台时的议价能力，从而较大地增进消费者福利。

---

① 参见黄汇、刘家会:《网络聚合平台深层链接著作权侵权责任的合理配置》，载《当代法学》2019年第4期。

② 在国家市场监督管理总局发布的《关于平台经济领域的反垄断指南》中，国务院反垄断委员会对平台进行了定义，指通过网络信息技术，使相互依赖的双边或者多边主体在特定载体提供的规则下交互，以此共同创造价值的商业组织形态。这一定义突破了传统把互联网平台视为一个商事主体的定位，增添了新的要素。《互联网平台分类分级指南(征求意见稿)》进一步对互联网平台的商业组织属性进行专门阐释，指出互联网平台通过网络技术将人和商品、服务、信息、娱乐、资金以及算力等连接起来，强调的是互联网平台的连接属性。

其三，因为聚合了大量竞争者，聚合平台的出现强化了市场竞争。一方面，聚合的功能强化了互联网平台之间争夺用户的竞争；另一方面，由于只要接入即可跳过成本高企的市场开拓阶段，聚合平台的出现降低了相关行业的准入门槛，为行业新生力量的涌现提供了巨大的便利。

其四，聚合平台的出现还有助于打破平台垄断，维护竞争秩序，保护消费者利益。互联网平台借助信息、数据和算法等技术手段实施垄断或者不正当竞争行为，侵害消费者利益的情形受到越来越多的关注。相比传统互联网平台，聚合平台的出现不仅直接对市场内主导平台的优势地位或是支配地位形成挑战，迫使平台内化对消费者利益的考量，而且延展了服务提供的价值链，并增加了一个约束力量，从而创造了改进价值链质量、构建良好网络生态的可能。

总体上，聚合平台的出现进一步改进了互联网平台的生态，深化分工，强化竞争，促进创新，增进消费者福利。需要注意的是，作为“平台的平台”，聚合平台因其跨界竞争属性，积累了来自用户流量集成的市场势力和地位。不仅如此，聚合平台链接的是用户与其他平台，使得平台与用户之间的关系、平台与平台之间的关系等关系都发生了一些变化，加剧了平台义务与责任界定的难度。尤其具有挑战性的问题是，一旦发生法律纠纷，聚合平台与接入平台的法律责任如何切分？下文以出行聚合平台为例，通过审视聚合平台的法律地位，考察聚合平台应当承担的法律责任。

## 第二节　聚合出行互联网平台主体法律性质的界定

### 一、网约车出行平台的法律责任

目前，法律法规对网约车出行平台的法律责任定性是承担承运人责任，主要法规和政策来源如下。

（1）《国务院办公厅关于深化改革推进出租汽车行业健康发展的指导意见》（国办发〔2016〕58号）规定："（八）规范网约车发展。网约车平台公司是运输服务的提供者，应具备线上线下服务能力，承担承运人责任和相应社会责任……"

（2）交通运输部、工业和信息化部、公安部、商务部、市场监管总局、国家网信办2022年11月30日修订的《网络预约出租汽车经营服务管理暂行办法》第二条第二款规定："本办法所称网约车经营服务，是指以互联网技术为依托构建服务平台，整合供需信息，使用符合条件的车辆和驾驶员，提供非巡游的预约出租汽车服务的经营活动。"网约车平台为网络预约出租汽车经营者，是指构建网络服务平台，从事网约车经营服务的企业法人。另外，第十六条明确规定："网约车平台公司承担承运人责任，应当保证运营安全，保障乘客合法权益。"

以下是网约车平台几种主要模式下的法律责任定位。

（1）网约专车、快车等模式。网约车平台在网约专车、快车模式下，承担承运人的义务和责任。根据《民法典》合同编中客运合同的相关规定，客运合同生效后，承运人负有将旅客安全送达目的地的义务，即在运输中承运人应保证旅客的人身安全。对旅客在运输过程中的伤亡，承运人应承担损害赔偿责任。

（2）出租车接入模式。在网约传统出租车模式下，网约车平台的法律地位不再是承运人，而是居间人。在网约传统出租车模式中，网约车平台是传统出租车获取客源的信息媒介，为出租车司机与乘客提供信息交互及匹配服务，因此，网约车平台不承担承运人责任而是承担信息服务居间人的责任。

（3）拼车、顺风车模式。拼车、顺风车模式并非司机经营行为，而是在司机自行前往预定目的地的同时，利用闲置运力将其他同行人运送至特定目的地，与网约车的经营性有本质区别。《网络预约出租汽车经营服务管理暂行办法》第三十八条规定："私人小客车合乘，也称为拼车、顺风车，按城市人民政府有关规定执行。"从立法层面将顺风车排除在网约车范畴外。

（4）网约车平台接入其他第三方平台模式。以滴滴平台为例，接入第三方服务商“如祺出行”。在该种模式下，滴滴平台会显示“第三方服务”字样，在提供该类服务前，要求用户接受该类服务的服务协议。在保障消费者充分知情权和选择权的前提下，该模式类似于网约车平台接入出租车模式，网约车平台的法律地位不再是承运人，而是居间人，为其他第三方平台获取客源的信息媒介，为其他第三方平台注册司机与本平台注册乘客提供信息交互及匹配服务。

## 二、聚合出行互联网平台主体法律性质

网约车平台和聚合出行平台存在显著不同。这种不同源自平台交易结构的差异。概括而言，这两类平台的差异主要体现在以下四方面。

第一，在交易主体上，网约车平台模式主要涉及乘客、网约车平台和司机三方主体，有时因为车辆或司机由其他主体提供，也可能有其他主体的参与；在聚合平台模式下，主要涉及乘客、聚合平台、网约车平台和司机四方主体，当然，其他主体也可能因提供车辆或司机而参与其中。这些主体中，网约车开展运输服务需要获得地方交通部门的行政许可，聚合平台的运营无须获得交通部门许可，只须获得网络信息服务营业执照。与此同时，从平台用户的信赖保护看，聚合平台上明确标注了第三方服务商的名称，借鉴平台自营业务相关的用户信赖保护规定，从身份外观、交易相对方的信赖以及平台经营者的可归责性三个构成要件分析，较难认定用户对客运合同相对人为聚合平台存在善意信赖。①

第二，在交易方式上，网约车平台模式下，乘客须注册成为网约车平台的用户。网约车平台公司可提供车辆，也可租用其他公司车辆，甚至可以由驾驶员提供车辆（尤其是在顺风车模式下）。驾驶员可以是网约车平台的员工，也可以各种协议方式与网约车平台形成联系，但不论哪种关系，网约车平台都能够借助派单等手段对驾驶员实施管理。在聚

① 参见余佳楠：《平台在自营业务中的法律地位——以信赖保护为中心》，载《法学》2020年第10期。

合平台模式下，乘客需要注册成为网约车聚合平台的用户。网约车平台接受聚合平台提供的信息，并根据交易情况向聚合平台支付一定的费用。值得注意的是，因为乘客和司机分别为聚合平台和网约车平台的注册用户，两者往往不会完全共享各自的客户资源。换言之，聚合平台一般需要借助网约车平台才能和司机建立联系，无法对驾驶员实施直接的管理，也不介入对驾驶员的派单过程，而乘客也无须注册成为网约车平台的用户。

第三，在安全保障上，网约车平台需要审核或确保车辆具备合法营运资质，司机具有合法从业资格。网约车平台会制定用户规则和司机规则确保运输服务质量，如要求用户不得随意取消订单、超时取消需支付违约金等，要求司机不得随意取消行程、不得故意绕路等；会在打车软件上设置“安全中心”，在行车过程中自动开启多项安全功能，并在车辆情况异常时向用户提醒并确认行程状态。聚合平台模式下，因为驾驶员与车辆一般没有注册为聚合平台会员，聚合平台也就无法直接审核相关车辆和司机，只能审核与其合作的网约车平台，并会通过协议约定的方式要求后者履行相关管理义务，比如对存在安全问题的平台实施一定的“处罚”。

第四，在服务费用上，网约车平台模式下，网约车平台掌握主动权和决定权，制定网约车价格规则，乘客所支付的运费会依据规则在网约车平台和司机之间进行分配。根据《网络预约出租汽车经营服务管理暂行办法》第二十条的要求，网约车平台公司应当合理确定网约车运价，实行明码标价，并向乘客提供相应的出租汽车发票。聚合平台模式下，聚合平台不负责和干预网约车价格规则的制定，乘客将费用打给第三方支付平台，由支付平台以自然月为资金结算周期进行对账并结算。聚合平台根据约定向网约车平台收取信息服务费，扣除信息服务费之后的费用根据网约车平台制定的价格规则在平台与司机之间分配。而相应的票证，尽管是用户在订单完成之后向聚合平台申请，但依然需要由网约车平台提供。

综上可见，从出行服务发展历史中出现的不同业务模式看，聚合平台衍生于网约车平台，但与网约车平台存在诸多差异，不能简单地将其等同于网约车平台。聚合模式下，平台提供的主要是信息服务，聚合平台不是运输服务的提供者，而更接近于第三方平台获取客源的信息媒介，旨在为其他第三方平台注册司机与本平台注册乘客提供信息交互及匹配服务。聚合平台对于客运服务的控制力也弱于网约车平台，法律地位近于中介人。

需要注意的是：第一，中介人地位的定性并不排除聚合平台在中介服务之外，依然需要承担其作为电商平台需要承担的其他法定义务；第二，通过平台管理规则、介入支付流程与费用分配、确定网约车平台接单顺序等手段，聚合平台拥有比一般中介人更强的控制力。因此，有必要从风险防控的视角，基于风险与责任相匹配、能力与责任相适应的原则，对聚合平台的法律责任进一步分析。

## 第三节　聚合出行互联网平台的法律责任体系

### 一、控制力视角下的聚合出行互联网平台

聚合出行平台作为一种新的商业模式，对于其法律的定位，应当根据其商业模式、合同关系、控制力等方面进行综合认定。

对于聚合出行平台而言，自用户发布出行信息后，出行服务的完成经历了两个阶段：一是聚合出行平台将用户的出行信息发布至用户选定的网约车平台，实现了用户与网约车平台的信息传输和匹配；二是用户选定的网约车平台将聚合平台发布的信息向符合条件的网约车驾驶员发送并进行最终运输服务的匹配。这两次匹配在自动撮合的机制下通过算法几乎是同时完成的。

从控制力的视角审视聚合出行平台模式，可以看出：第一，聚合出行平台在信息匹配阶段是组织者和主导者，应当为其中的侵权行为承担主要责任。第二，聚合出行平台主要参与的合同关系为与网约车平台的

信息服务合同以及与乘客的信息服务合同，并没有参与网约车运输服务合同，对运输服务合同不具有控制力。第三，尽管聚合出行平台会按照一定的模式参与费用的分配，但是聚合出行平台并不参与制定收费规则，不向乘客收取费用，也不以自身名义开具运输服务发票，对费用的控制力较弱。第四，尽管乘客可能基于对聚合出行平台的信赖选择聚合出行平台的服务，但这种信赖是主要源于聚合出行平台服务类型供给丰富、响应及时等原因。由于乘客可以看到具体提供运输服务的网约车平台并可以自由选择，而且在运输服务全程都能够感受到承运网约车平台的存在，因此对于运输服务匹配阶段的信赖主要指向网约车平台而非聚合出行平台。

尽管如此，这并不意味着聚合出行平台对运输服务匹配阶段没有任何控制力。一方面，聚合出行平台与网约车平台签订的信息服务合同中有详细的违约条款可以在一定程度上约束网约车平台的行为，督促网约车平台推进更有利于聚合出行平台效率提升的工作；另一方面，虽然当运输服务合同达成时，信息中介服务已经履行完成，但是聚合出行平台仍然作为网络服务提供者参与运输服务合同的履行，提供安全保障、客服和投诉等服务，因此对运输服务匹配阶段依然具有一定程度的控制力。

更重要的是，聚合出行平台的出现弱化了乘客与网约车平台之间的合同联系。尽管在聚合出行平台模式下网约车平台依然需要尽到必要的安全保障义务，但从用户体验的角度看，乘客利用网约车聚合出行平台和直接利用网约车平台接受的客运服务始终存在着一定程度的差异：直接使用网约车平台的打车服务，乘客可能更直接地享受网约车平台提供的更高级的安全服务，包括直接对车辆、司机服务进行评级，向网约车平台反馈服务内容和交易风险；在聚合出行平台模式下，乘客无法全面获知具体车辆和司机的信息（聚合出行平台软件上仅显示简单的车辆号牌、司机姓氏等），而只能通过聚合出行平台进行转接服务。

综上可知，聚合出行平台在提供服务的第一阶段具有掌控力，在网约车平台接单后的第二阶段具有一定程度的控制力，尽管这种控制力明显弱于网约车平台。随着商业模式的创新与分工的深化，聚合出行平台的法律结构变得更为复杂。因此，界定聚合出行平台的法律地位时不能“一刀切”，应该具体问题具体分析。最核心的评价标准应当是聚合出行平台对平台内交易施加的控制力，并以此判断应当承担的义务边界，以实现权利与责任相一致、收益与风险相一致。

## 二、聚合出行互联网平台的法律责任

聚合出行平台无须承担承运人义务，但这不意味着其无须承担任何义务。聚合出行平台仍需承担一般平台需要承担的各类义务，包括民事义务和行政义务。民事义务的依据主要包括聚合出行平台参与缔结的各类合同条款，以及《民法典》“中介合同”一章有关中介人义务的相关规定和侵权责任编的一般规定；行政义务则包括《消费者权益保护法》《电子商务法》《网络安全法》《数据安全法》《个人信息保护法》等法律法规的相关规定。

控制力这一核心概念的引入无疑有一些根本性的好处。一方面，基于控制力的视角有利于解决聚合出行平台公私法规制不对称的问题。无论是私法视域下的平台义务，还是公法上的平台义务，都隐含着控制力这一根本逻辑，尽管不得不承认这并非唯一的考量因素。诸多公法上的平台义务，其本质是基于平台经营者对平台架构或交易的控制力考量而分配给平台经营者的注意义务，而这些义务本就是认定私法上平台所应当承担的注意义务的关键因素。[①] 监管要求的确立有利于实现事前预防，私法责任的明晰则有利于权益保障，将公法义务转移到私法上，也有利于明确私法义务的内容。另一方面，可以为聚合出行平台法律义务之界定提供比较统一的标准。国外曾有学者提出应当根据平台对交易的控制和参与程度界定其法律义务与责任，并提出关于判定控制和参与程度的四个维度：（1）通过用户条款控制用户是否可以参与平台的交互；（2）影响用

① 参见万方：《公私法汇流的闸口 转介视角下的网络经营者安全保障义务》，载《中外法学》2020年第2期。

户之间形成的交易条款，决定达成协议的机制以及双方能或不能进行谈判的条款；（3）制定并实施规范用户行为的规则；（4）形成担保交易安全的外观。[①]但这四个维度只考虑平台经营者对交易的控制力，而忽视了平台经营者对平台架构的控制力，从而忽视了平台经营者在网络数据信息安全等方面的注意义务。因此，可增加第五个维度，即对平台架构及其基础设施的控制能力。基于这些因素构成的控制力为平台经营者配置法律义务与责任，并不会导致超越平台能力，反而有助于实现平台能力与责任的相匹配，从而基于矫正正义实现对用户权益的平衡保护，最终利于整个行业的可持续发展。

### （一）民事义务体系

民事义务包括约定和法定两个方面。从约定义务看，聚合出行平台作为合同主体，需要遵守与用户之间的《用户服务协议》、与所接入的网约车平台之间的《信息服务协议》《资金结算协议》。从法定义务看，聚合出行平台作为中介人需要履行的主要义务包括《民法典》第九百六十二条[②]规定的如实报告义务，《民法典》第五百零九条[③]规定的遵循诚信原则履行通知、协助、保密等义务，《民法典》第八条[④]规定的不得违背公序良俗的义务，以及侵权责任编的一般规定。

如前所述，对于网络平台的法律性质问题，“不应当仅仅考察网络平台与各方之间的‘合同文本’，而应该考察整个过程的真实运行情况”[⑤]。因此，基于控制力的视角，聚合出行平台由于对客运服务的控制

---

① Shelly Kreiczer-Levy, “The Duties of Online Marketplaces,” *San Diego Law Review*, 2021, 58(2): 269–308.

② 《民法典》第九百六十二条规定：“中介人应当就有关订立合同的事项向委托人如实报告。中介人故意隐瞒与订立合同有关的重要事实或者提供虚假情况，损害委托人利益的，不得请求支付报酬并应当承担赔偿责任。”

③ 《民法典》第五百零九条规定：“当事人应当按照约定全面履行自己的义务。当事人应当遵循诚信原则，根据合同的性质、目的和交易习惯履行通知、协助、保密等义务。当事人在履行合同过程中，应当避免浪费资源、污染环境和破坏生态。”

④ 《民法典》第八条规定：“民事主体从事民事活动，不得违反法律，不得违背公序良俗。”

⑤ 张新宝：《顺风车网络平台的安全保障义务与侵权责任》，载《法律适用（司法案例）》2018年第12期。

力相对较弱，不能被界定为承运人。如果用户依据合同法规范主张权利救济，并不能主张其与聚合出行平台形成事实上的客运合同，要求聚合出行平台承担承运人责任。尽管如此，应当明确的是，聚合出行平台用户协议或服务协议中的免责条款，如果属于对自己法定义务范围内责任的不合理免除或者减轻，应当被认定为无效。

相较于合同义务，侵权责任的范围更难把握。首先可以明确的是，聚合平台与驾驶员之间不存在直接的法律关系，因此不应当直接为驾驶员的侵权行为承担替代责任或组织义务责任。在侵权视域下，聚合平台的法律义务主要围绕安全保障义务而展开。

就安全保障义务而言，目前争议不大的是对《电子商务法》第三十八条的理解，即要求聚合出行平台承担对平台内经营者明显侵权行为的一般性安全保障义务和对平台内经营者非明显侵权行为的最大努力安全保障义务。有争议的是第二十九条规定的对平台内商品和服务违法信息的发现和处置义务。

就一般安全保障义务而言，除去聚合出行平台经营者在收到相应通知后应保持高度注意义务外，平台经营者负有主动监控义务。鉴于聚合出行平台对网约车平台相关行为的控制力，聚合出行平台应当建立审查机制，定期评判网约车平台服务整体是否符合《出租汽车运营服务规范》《网络预约出租汽车运营服务规范》等国家标准、行业标准中涉及保障消费者人身、财产安全等其他合法权益方面的相关要求，关注网约车平台是否在总体上存在导致用户人身财产等合法权益损失的缺陷。如果聚合出行平台对网约车平台的安全方面合规问题尽到了合理注意，那就应当认为聚合出行平台已经尽到注意义务，无须或者减轻承担民事责任。

就最大努力安全保障义务而言，鉴于法律条文明确审核的对象为平台内经营者的资质资格，且聚合出行平台通常也未掌握网约车驾驶员、车辆的资质资格情况，因此聚合出行平台只需履行对网约车平台相关许可的审核义务；至于除去审核义务以外的安全保障义务，虽然涉及内容较广，但核心在于建立起既有技术水平下可及的风险防控机制，在事前事中事后对风险进行全流程防范。鉴于聚合出行平台对自身系统、客运服务线上服务以及网约车平台的控制，这种风险防控机制应当包括确保自身软件系统的安全运行，向用户报告或披露的相关信息符合“全面、真实、准确、及时”的要求，用户个人信息的妥善保存与处理，订单信息的合理保存，设置并保证包括诸如“紧急求助”在内的安全措施良好运行等。

### （二）行政公法义务体系

在网约车服务中，聚合出行平台发挥着平台聚合的市场功能。这种聚合功能回归互联网平台最基本的特征，即提供信息服务，但这并不意味着聚合出行平台仅具有居间人所应承担的合同义务。聚合出行平台同样属于电商平台的范畴，而聚合出行平台又关涉公共运输安全和用户人身财产安全，因此，无论是基于公法管制的需要，还是基于私权保障的需要，都需要聚合出行平台承担起更多的法律责任。作为网约车交易的组织者，聚合出行平台应当通过完善自身的平台规则和平台服务，积极主动承担维持网约车市场秩序的义务。

根据义务范围，聚合平台的行政义务可分为特别法明文规定的“红线”义务，尤其是网络信息数据安全义务；平台经营者需履行的“底线”义务，尤其是平台内信息管理、安全保障、知识产权保护义务；相关规定所倡导的积极义务（或称平台社会责任）。不过，由于聚合出行平台一般不涉及知识产权保护，而安全保障义务已在民事义务体系中有过详细的讨论，积极义务并非强制性义务，因此只讨论网络信息数据安全保护与平台内的信息管理两项义务。

（1）网络信息数据安全保护义务。聚合出行平台控制了客运服务尤其是线上服务的全过程，因而事实上几乎全部获取了和网约车平台类似的个人信息、敏感信息、业务数据，负有保存相关信息并保障信息数据安全的义务。与提供出行服务不同，由于聚合出行平台在一定程度上完成了网约车服务所产生的数据和信息的聚合，构成个人信息处理者，甚至在特定情况下可能构成关键基础设施运营者或者处理个人信息达到规定数量的个人信息处理者，因此需要承担《个人信息保护法》《数据安全法》《网络安全法》《互联网信息服务管理办法》等法律法规规定的网络信息数据安全保护义务。这里的问题在于，聚合出行平台是否应当承担《网络预约出租汽车经营服务管理暂行办法》中针对网约车平台规定的更严的保护义务。

具言之，现有网约车监管体系对网约车平台的数据监管主要分为两方面。第一，事前监管。网约车平台经营者申请行政许可时，需证明自身符合《网络预约出租汽车经营服务管理暂行办法》第六条第一款第五项的条件，该项涉及网络安全的管理制度和保护措施、服务器设置、平台和信息数据交互及处理能力等方面；与此同时，网约车平台经营者需要提交包括证明材料、报告、情况说明、专家意见等在内的一系列文件。[①] 这些条件高于《互联网信息服务管理办法》的要求。第二，事中事后监管。《网络预约出租汽车经营服务管理暂行办法》第二十四条规定了网约车平台应落实安全防范措施、严格数据安全和管理。第二十六条规定了个人信息收集需事先明示并遵循必要原则，且未经明示同意不得使用也不得向任何第三人提供个人信息和涉及国家安全的敏感信息（配合监督检查权或者刑事侦查权除外）。第二十七条规定，即使不被认定为“关键信息基础设施的运营者”，也必须在中国内地储存和使用个人信息和业务数据，除法律法规另有规定不得外流。并且，网约车平台“存在危害网络安全、数据安全，侵害用户个人信息权益等违法违规行为”落入现有联合监管机制的监管范围，可被采取从暂停区域内经营服务到停机整顿在内的处置措施。[②]

尽管《网络预约出租汽车经营服务管理暂行办法》颁布于《个人信

---

① 参见《交通运输部办公厅、工业和信息化部办公厅、公安部办公厅、中国人民银行办公厅、税务总局办公厅、国家网信办秘书局关于网络预约出租汽车经营者申请线上服务能力认定工作流程的通知》（交办运〔2016〕143号）。

② 参见《交通运输办公厅、工业和信息化部办公厅、公安部办公厅、人力资源社会保障部办公厅、中国人民银行办公厅、国家税务总局办公厅、国家市场监督管理总局办公厅、国家网信办秘书局关于加强网络预约出租汽车行业事前事中事后全链条联合监管有关工作的通知》（交办运〔2022〕6号）。

息保护法》《数据安全法》《网络安全法》之前[①]，但是依据前文分析，笔者认为，监管部门如此严格规定，将“不得向第三人提供个人信息”与“不得泄露涉及国家安全的敏感信息”并列规定，是出于对网约车领域所收集的个人信息与业务数据所具有的特殊性的考量，因为其不仅涉及个人隐私，甚至在一定程度上涉及国家安全。[②]以网约车平台个人信息和业务数据必须存储在境内为例，类似的规定可见于个人金融信息、健康医疗大数据领域。[③]基于此，考虑聚合出行平台对于自身平台在提供网约车服务过程中产生的数据和信息的控制程度并不亚于网约车平台，应当承担比《暂行办法》规定的更严格的保护义务，必须建立防范机制，在中国储存和使用个人信息和业务数据，且不得提供给第三人。

（2）平台内的信息管理义务。争议比较大的是，聚合出行平台是否应当承担针对接入网约车平台的驾驶员的身份、车辆信息的登记核验义务以及一般性监控义务。这涉及对《电子商务法》第二十九条规定的理解与适用，尤其是第二十九条规定与第三十八条第一款规定之间的关系。

从条文内容上看，第二十九条包含了“平台经营者发现平台内的商品或服务信息存在违反‘应当符合保障人身、财产安全的要求’，应当采取必要措施并向主管部门报告”之意，而第三十八条第一款则包含了“平台经营者知道或应当知道平台内经营者销售的商品或提供的服务不符合保障人身、财产安全的要求，未采取必要措施”之意，两者极为相似。但仔细审查可以发现，这两种行为对应的行政责任并不同，前者轻于后者。对此，可能的理解是，第二十九条和第三十八条第一款规定的都是平台经营者的注意义务，但两者存在区别：前者规定的是平台经营

---

① 《网络预约出租汽车经营服务管理暂行办法》于2019年12月为符合《外商投资法》的规定进行了修正，但仍早于《个人信息保护法》《数据安全法》的出台。

② 这个方面最突出的案例是网络安全审查办公室出于“防范国家数据安全风险，维护国家安全，保障公共利益”的目的对滴滴出行赴美上市实施网络安全审查。载http://www.cac.gov.cn/2021-07/02/c_1626811521011934.htm，2022年2月20日访问。

③ 参见《中国人民银行关于银行业金融机构做好个人金融信息保护工作的通知》（银发〔2011〕17号）、《国家卫生健康委员会关于印发国家健康医疗大数据标准、安全和服务管理办法（试行）的通知》（国卫规划发〔2018〕23号）。

者对平台内所有的商品或服务信息的一般性监控检查义务，监控内容还包括环境保护要求、禁售限售要求；而后者规定的是平台经营者对平台内经营者明显侵权行为向用户所负有的安全保障义务，监控内容限于保障人身财产安全的要求。两者存在重合可能，但在已造成消费者损害的情况下，应按违反第三十八条第一款承担更重的行政责任。

基于此，结合前文有关民事义务体系的分析可以得出，聚合出行平台经营者行政义务中的注意义务分为三个层次：对平台内商品或服务信息的一般性监控检查义务、对平台内经营者明显侵权行为的一般性安全保障义务、对平台内经营者非明显侵权行为的最大努力安全保障义务。这其中，重点需要探讨且也是当前监管急需解决的是，聚合出行平台对网约车驾驶员服务信息的一般性监控义务的边界。

鉴于目前聚合出行平台对网约车驾驶员的控制程度不如网约车平台，且平台内的服务信息主要为建立在历史订单以及用户反馈基础上的驾驶员与车辆信息，因此笔者认为，聚合平台的一般性监控义务应当以此为基础。第一，由于聚合出行平台并不直接接入驾驶员、车辆，因此聚合出行平台无法对驾驶员和车辆是否取得相应行政许可进行普遍性的监控，并且聚合出行平台也不具备对单个网约车驾驶员服务是否符合《电子商务法》第十三条的规定予以监控的能力。第二，对于用户反馈的服务信息方面的问题，如车辆未取得相应许可[①]，应当采取合理措施并及时报告。

当前，平台之间的互联互通已成为未来的发展趋势，聚合出行平台作为新兴事物顺应了市场发展的客观需求，有其经济价值和社会价值。虽然尚无专门的聚合出行平台规范对其予以规制，但从出行服务模式的历史发展和各方主体的信赖保护预期，可以大致厘清聚合出行平台的法律定位和法律责任边界。

---

① 通过交通部提供的“网络预约出租汽车合规信息查询服务”，可根据车辆号码对网约车运输证进行查询。

# 第九章　小程序平台的法律责任：以微信小程序为例

## 本章要点

1. 法律定位

在实然层面，基于现有的法律规范体系，小程序的定义与法律定位较为模糊，一般将其理解为近似于App等移动互联网应用程序的存在。但由于小程序无须下载安装，因此仍与通常意义的App存在差异，小程序的宿主如微信尚未被认定为应用商店。具体到小程序电商，微信小程序平台作为网络服务提供者应当属于网络交易平台经营者的范畴。

在应然层面，基于控制力视角对小程序平台的法律地位进行审视，需要结合具体交易模式和交易结构，对不同模式下小程序平台在交易中所处的地位与功能进行区分。无论是商家自营小程序模式还是电商平台小程序模式，小程序平台在准入审查、操作流程、收费模式等多个方面均对商家、电商等平台内经营者具有一定的控制力。对于微信小程序电商模式而言，一方面，基于其依托微信生态系统并且与微信难以直接分离的属性，尽管其与传统电商具有形式上的不同，但本质上仍属于新型电子商务平台，应参照《电子商务法》承担网络交易属性的电子商务平台责任；另一方面，微信小程序虽为平台经营者，但并不知悉平台内经营者的具体商品和服务信息，也不保存相关交易信息，且从微信平台进入微信小程序运营主体界面的过程中存在明显的跳转，因而微信小程序平台属于中立的基础技术服务提供方。总体而言，小程序平台的法律定位介于技术服务中介与电商平台经营者之间，应依其对整个平台及平台内交易施加的控制承担相应的责任。

2.责任体系

民事义务方面，小程序平台的民事义务包含约定与法定两个层面。关于约定义务，小程序平台需遵守与各电商平台、直接入驻的商家等小程序运营主体之间签订的各种服务协议中所规定的各项内容。关于法定义务，小程序平台作为中介人需要履行的主要义务包括《民法典》第九百六十二条规定的如实报告义务，《民法典》第五百零九条规定的遵循诚信原则履行通知、协助、保密等义务，《民法典》第八条规定的不得违背公序良俗的义务等，以及侵权责任编的一般规定。其中在侵权责任的承担方面，安全保障义务包括一般安全保障义务与特殊安全保障义务两部分。小程序平台应当基于其与电子商务平台经营者控制力的比较，承担相应的民事责任。

行政义务方面，小程序平台被定性为网络交易平台经营者后，其应当承担相应的平台经营者义务，但并不意味着其对所有行政规范中提及的义务都应同等程度地遵守、建立同样严格完备的风险防控体系。微信小程序在不同模式服务的提供上具有信息控制、交易违法的发现与阻止及安全保障义务履行能力的差异，因而其行政义务的界定不得采取“一刀切”的办法，而应结合小程序商业模式的内容具体展开分析。整体而言，小程序平台所需承担的行政义务主要包括三项，分别是网络信息数据安全保护义务、平台内信息管理义务和知识产权保护义务。

基于特殊技术优势和流量优势，市场上的小程序商业模式日渐众多，展现出形式灵活、主体多样的特征。作为最早推出的小程序，也作为小程序中较为突出的代表，微信小程序受众广泛，模式典型，因此本章尝试以微信小程序为例展开讨论。作为微信的应用号，微信小程序是一种跨平台、媲美原生 App 操作体验的 Web 应用。从时间序列看，微信要做的就是从点到面，以线织网。最初，微信的功能定位在于通过“即时通信＋朋友圈（社交）”来实现人与人的连接，此后又依靠服务号（公众号、视频号等）等实现了人与服务的连接；在小程序模式的建构下，微信进一步实现了人与商业的连接，比如通过“线下二维码入口＋附近小程序”这样的形式，联通线上线下，实现从点到面连接。[①] 概而言之，从产生过程和商业模式来看，微信小程序本质上是微信庞大生态体系的组成部分，同时又体现显著的连接属性。这一属性接近《国务院反垄断委员会关于平台经济领域的反垄断指南》与《互联网平台落实主体责任指南》（征求意见稿）中对互联网平台的定义，即平台是具有运用网络信息技术、双边或多边主体、特定载体提供规则、共同创造价值等多重特征的商业组织形态。不过，这一平台在很多情形下又与传统的电商平台有明显的差异。因此，关键在于如何依据既有规范，识别小程序商业模式背后各种法律关系的本质，对小程序平台的主体责任展开界定。

## 第一节 小程序平台参与主体及其法律关系

### 一、微信小程序电商模式

小程序商业模式下，参与主体具有一定的不确定性，因而此处基于小程序提供服务的特性，对小程序的典型模式进行分析。

从微信官方文档《小程序开放的服务类目》[②] 来看，以非个人主体小程序开放的服务类目为例，一级分类下包含的服务内容有物流服务、教育服务、医疗服务、政务民生、金融业、交通服务、房地产服务、生活服务、IT 科技、餐饮服务、旅游服务、时政信息、文娱、工具、电商平台、商家自营、商业服务、公益、社交、体育、汽车服务等。如图 9-1 所示，依据是否提供交易服务进行划分，微信小程序可以初步分为交易型小程序与非交易型小程序两种类型。其中，交易型小程序与常见的电商平台相类似，例如，京东小程序、拼多多小程序等均属于交易型小程序；非交易型小程序则以提供交易服务之外的包括娱乐、资讯、政务、

---

① 微信官方文档中《小程序接入指南》部分即说明，微信小程序是一种全新的连接用户与服务的方式，它可以在微信内便捷地获取和传播，同时具有出色的使用体验。

② 载https://developers.weixin.qq.com/miniprogram/product/material，2022 年 5 月 29 日访问。

天气等在内的服务为主。相较于交易型小程序，非交易型小程序的法律关系与法律责任相对简单，因而本研究主要针对交易型小程序尤其是小程序电商的法律关系与法律责任体系进行分析。

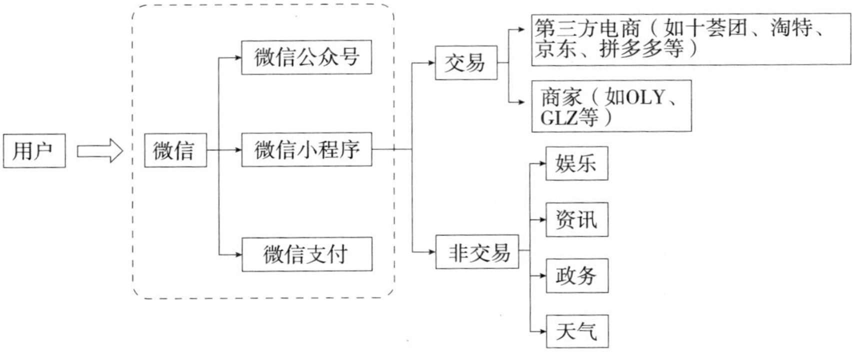


**图 9-1　微信小程序运营模式的初步划分**

从参与主体来看，小程序电商可以分为两类，分别是商家自营模式和平台电商模式。在商家自营模式下，介入小程序的是商家。用户需二次登录或直接授权微信号码登录，从而实现搜索、下单、购买、付款等。这一模式中，小程序类似于淘宝、京东等电商平台，只是技术属性有所不同。

在平台电商模式下，接入小程序的并非商家，而是第三方平台。用户首次登录仍要满足其隐私权政策，点击“同意”后，可登录搜索、下单以及添加购物，但无法实现直接购买，需再次授权微信登录或手机号码登录会员后提交订单完成支付，方能完成整个交易。在这一模式下，利用微信号码登录会生成一个新的临时账户用于电商场景交易。因此，此模式与商家直接入驻小程序模式略有不同，出现了平台的嵌套与平台主体功能的叠加。这时的小程序常常以“平台的平台”形式出现，表现为互联网平台发展的一种高阶形态，即聚合平台。

可以看出，以微信小程序电商为代表的交易型小程序仍属于电商范畴，对其法律定位与法律责任可以参照既有电商平台的规制路径展开分析。

## 二、小程序参与主体及其法律关系

小程序拉近了交易当事人之间的距离，但多方主体的参与也使得小程序各方主体之间的关系更为复杂。

### （一）小程序参与主体

如图 9-2 所示，从技术角度来看，小程序的参与主体包括开发者、开发平台、宿主和小程序使用者等。其中，小程序使用者又包括小程序的运营主体和用户两类。

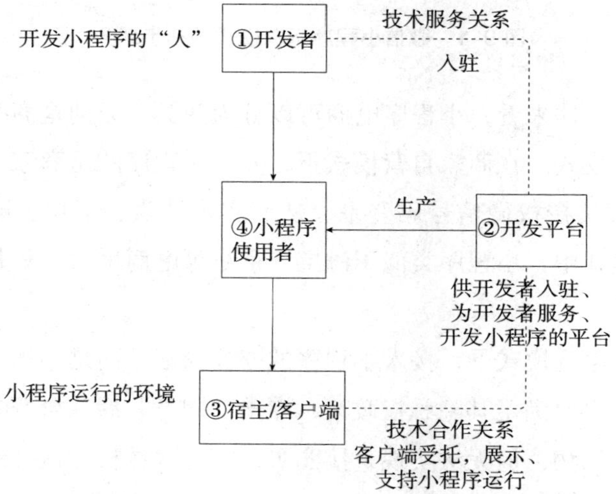


图 9-2　小程序参与主体

其一，开发者。开发者即开发小程序的“人”、软件应用的创造者，是软件开发应用层面的责任方和与平台签约的相对方，通常是公司，实践中根据平台规则和监管的不同，也存在少量个人作为开发者的小程序。在微信小程序模式中，存在多种开发模式，包括第三方平台代开发、小程序插件开发、企业微信小程序开发及 PC 小程序开发等。[①] 一个小程序通常对应多个开发者，但所能绑定的开发者数量有限。[②]其二，开发平台。开发平台即开发小程序的平台、软件应用的创造场所，主要为开发者提供开发小程序所必需的开发能力。以微信小程序为例，其开发平台是微信开发平台。其三，宿主。宿主指的是小程序运行的环境，也就是对用户展现的场所或依托。以微信小程序为例，其宿主为微信 App。其四，小程序使用者。以微信小程序为例，小程序的使用者既包括商家、第三方电商平台等运营主体，也包括其他微信用户。除了以上四个主要参与者外，小程序模式的运行还涉及其他参与者。例如，开发者调用数据时使用的 API 接口管理平台等开放平台；提供数据存储等云服务，需开发者另外订购的云服务提供方；用以丰富、增强主体小程序能力的小程序形态之一的插件提供方等。

### （二）小程序主体的法律关系

首先，开发平台为开发者提供技术服务，二者之间存在《小程序开发者服务协议》。其次，宿主受开放平台委托，为平台中生产的小程序提供前台展示支持，宿主与开发平台之间存在《小程序引擎合作协议》。再次，宿主就小程序整体在客户端展示，为开发者提供软件技术服务，二者之间存在《小程序投放功能服务协议》。最后，以微信小程序为例，开发平台与小程序使用者之间存在《微信小程序接入指南》《微信小程序平台服务条款》《小程序平台运营规范》《微信公众服务协议》，而宿主又与小程序使用者之间存在《腾讯服务协议》《腾讯微信软件许可及服务协议》。开发者、开发平台及宿主三方在小程序中的联系

---

① 参见《第三方平台代开发》，载https://developers.weixin.qq.com/miniprogram/dev/devtools/ext.html，2022年5月29日访问。

② 参见《小程序接入指南》，载https://developers.weixin.qq.com/miniprogram/introduction/#%E5%BC%80%E5%8F%91%E5%89%8D%E5%87%86%E5%A4%87，2022年5月29日最后访问。个人主体小程序最多可绑定15个项目成员、15个体验成员；未认证、未发布非个人的小程序最多可绑定30个项目成员、30个体验成员；已认证未发布/未认证已发布非个人的小程序最多可绑定60个项目成员、60个体验成员；已认证已发布非个人的小程序最多可绑定90个项目成员、90个体验成员。

主要与技术相关，包括技术服务关系、技术合作关系等；而细化到电商小程序领域，当运营主体与用户加入时，尽管开发者的角色被弱化，但是法律关系变得更为复杂，商家自营与电商平台模式也存在一定差异，因而需要分别对两种模式下开发平台、开发者、运营主体、用户（消费者）之间的法律关系进行分析。

商家自营小程序模式中的法律关系与如图 9-3 所示的一般网络交易中网络交易平台提供者、销售者或服务者、消费者三方之间的法律关系[①]相类似。如图 9-4 所示，以微信小程序为例，商家自营小程序模式下，微信小程序、运营主体（商家）、小程序使用者（消费者）三方之间存在三个基本法律关系，分别是微信小程序作为网络交易平台提供方与作为销售者或服务者的商家之间基于《微信小程序平台服务条款》等合同形成的近似于网络交易平台服务合同的关系，商家与消费者之间存在网络买卖合同或网络服务合同关系，微信小程序与消费者之间依《微信小程序平台服务条款》形成网络服务合同关系。除此之外，商家和消费者还分别与宿主（微信）之间存在《微信公众平台服务协议》《腾讯服务协议》《腾讯微信软件许可及服务协议》等服务合同关系。

① 参见杨立新:《网络交易法律关系构造》,载《中国社会科学》2016年第2期。该文作者认为,网络交易平台交易法律关系是“互联网＋交易”的民法表现形式,是由一个复杂的法律关系群构成的法律关系集合体,其中包括相互关联的三个基本法律关系,即网络交易平台提供者与销售者、服务者和消费者与网络交易平台提供者之间的两个网络交易平台服务合同关系,销售者、服务者与消费者之间的买卖或服务合同关系;五种主要的权利义务内容,即提供交易空间、发布交易信息、价金托管支付、商品配送交付及交易信用评价;三种辅助性法律关系,即网络交易平台提供者与第三方支付机构、第三方征信机构以及销售者与物流企业之间为实现网络交易基本法律关系主要内容而建立的三种辅助性合同关系。

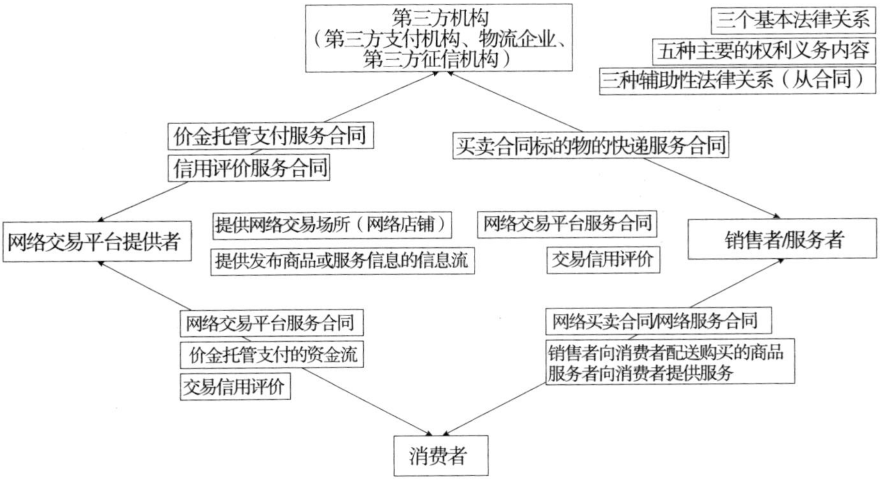


图 9-3 网络交易法律关系

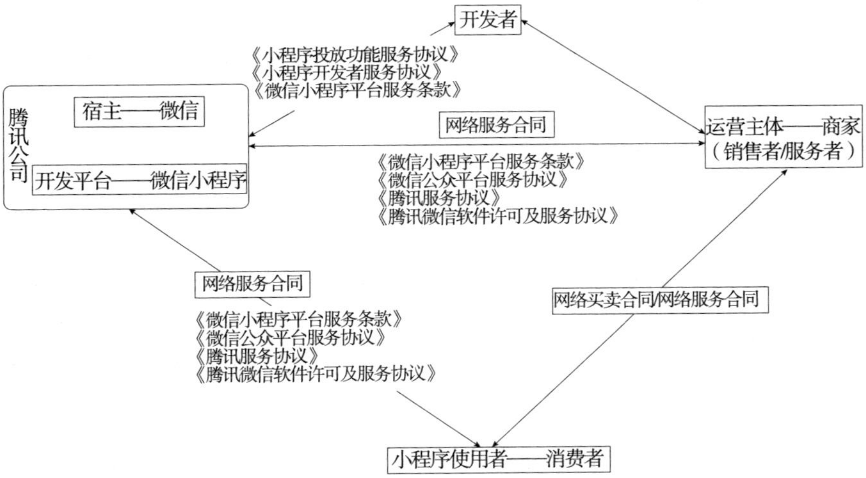


图 9-4 微信商家自营小程序模式法律关系

如图 9-5 所示，商家自营模式与平台电商模式之间最显著的区别在于销售者或服务者不再作为运营主体，而是以第三方电商平台内部商家的角色出现，小程序的运营主体电商平台成为微信、微信小程序与消费者、商家间的连接点。

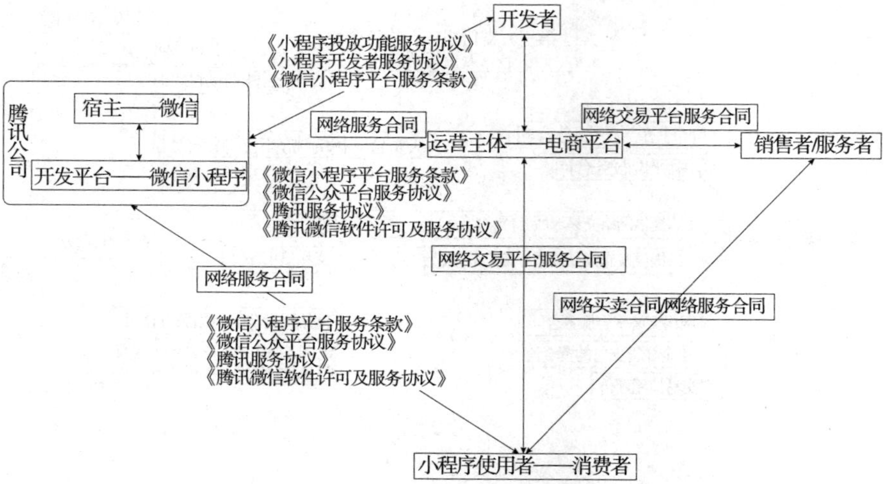


图 9-5 微信平台电商小程序模式法律关系

需要注意的是宿主与开发平台扮演的角色。宿主微信平台成为小程序运营主体开发运营的电商主体获取流量、广告推广以及实际交易达成的交易场所，微信小程序开发平台则成为对小程序运营主体违规行为进行管理并按照平台规则予以处置的主体，二者成为聚合电商平台的平台。尽管在运营过程中，宿主微信平台和微信小程序开发平台是融合一体的，实际主体均为腾讯公司①，但在分析中仍需区分两者的主体责任。

（三）现有法规对小程序性质的确定

需要说明的是，小程序的定义与法律定位依然较为模糊。通过以“小程序”为关键词检索可以发现，尽管“小程序”一词频繁出现在法律、行政法规、部门规章、司法解释等之中，但目前尚无规范对小程序

① 平台网页公示协议仅显示腾讯公司，暂无法核实具体执行公司主体是否一致。

的定义及其规制作出明确规定。从现有规范的表述来看[①]，“小程序”一词常常与移动互联网应用程序或App并列使用，即规范中对小程序的理解近似于App等移动互联网应用程序。此外，《微信小程序平台服务条款》中也写明小程序开发者应当阅读、同意“终端设备系统、应用程序商店、市场等的协议规范”[②]，表明微信小程序平台方对其所提供服务的理解与官方理解较为一致。值得注意的是，由于小程序无须下载安装，因此仍与通常意义的App存在差异，小程序的宿主尚不会被认定为应用商店。

对于小程序中各参与主体的法律性质定位及法律义务，鉴于小程序的“类App属性”，可参照适用《移动互联网应用程序信息服务管理规定》(以下简称《规定》)中的相关规定。其一，开发平台的法定义务可以参照适用《规定》对于“互联网应用商店服务”(如App store、华为应用市场等)的要求；开发平台应当设计开发者入驻认证要求、小程序开发及运营规范等，用以管理开发者及小程序；如小程序侵犯第三方权利，开发平台可能需要根据运营管理规范，对小程序进行下架等处理。其二，开发者的法定义务可以参照适用《规定》中对“移动互联网应用程序提供者”[③]的要求。其三，宿主的法定义务也可以参照《规定》，要

---

① 例如，《国务院办公厅关于进一步激发文化和旅游消费潜力的意见》(国办发〔2019〕41号)规定：“……二、主要任务……(三)提升入境旅游环境：整合已有资源，提升入境旅游统一宣介平台(含App、小程序等移动端)水平。”又如，《国务院关于加快推进政务服务标准化规范化便利化的指导意见》(国发〔2022〕5号)规定：“……三、推进政务服务规范化……(三)规范网上办事服务：统筹网上办事入口。各地区要依托全国一体化政务服务平台，统一提供政务服务，实现网上办事‘一次注册、多点互认、全网通行’。推进各级政府网站、政务服务平台适老化、无障碍改造。各地区要整合本级部门的各类政务服务移动端应用，原则上通过本级统一的政务服务平台移动端(含小程序等)提供服务，解决政务移动应用程序(App)数量多、重复注册等问题。”再如，《国务院办公厅关于印发全国一体化政务服务平台移动端建设指南的通知》(国办函〔2021〕105号)规定：“……二、总体架构……(二)技术架构：服务提供层通过移动互联网应用程序(App)、小程序等服务渠道，按照统一标准，面向企业和群众提供政务服务事项咨询、办理、查询、评价等服务。”

② 载https://developers.weixin.qq.com/miniprogram/product/service.html，2022年5月29日访问。应当已经阅读、同意过包括但不限于《Apple Developer Program许可协议》《App Store审核指南》等终端设备系统、应用程序商店、市场等的协议规范。

③ 参见《规定》第二十六条第二款规定：“本规定所称移动互联网应用程序提供者，是指提供信息服务的移动互联网应用程序所有者或运营者。”

求其对本端域名展示的信息内容进行实时审查、主动管控。

具体到小程序电商，可以明确的是，不论是商家自营模式还是平台电商模式，微信小程序平台作为网络服务提供者，根据《网络交易监督管理办法》第七条第四款[①]的规定，应当依法履行网络交易平台经营者的义务，而商家作为小程序运营主体应定位为平台内经营者并依法履行相应义务。只不过在平台电商模式下，小程序运营主体电商平台作为网络交易平台的提供者，还应履行《电子商务法》中电子商务平台经营者[②]相对应的法定义务，区别于通过电商平台销售商品或提供服务的商家，即平台上的“平台内经营者”。

## 第二节　小程序的平台属性

### 一、小程序平台的控制力

从既有规范看，不论是商家自营模式还是平台电商模式，小程序平台都可被定性为电商平台，应当承担相应的公法和私法义务。然而，“一刀切”地处理两种模式可能并不利于商业模式的创新，而且可能导致法律体系内部的失衡。因此，为了更好地寻找体系整合的路径，需要结合交易模式和交易结构，对不同模式下小程序平台在交易中所处的地位与功能进行区分。

回归到平台本身，平台的本质不过是创造一个场所让需求端与供给端实现价值交换，而互联网时代的平台与传统平台的关键区别在于，互联网平台通过网络化和数字化大幅降低了交易成本，并极大提升了供求

---

① 该款规定：“网络社交、网络直播等网络服务提供者为经营者提供网络经营场所、商品浏览、订单生成、在线支付等网络交易平台服务的，应当依法履行网络交易平台经营者的义务。通过上述网络交易平台服务开展网络交易活动的经营者，应当依法履行平台内经营者的义务。”

② 参见《电子商务法》第九条第二款规定：“本法所称电子商务平台经营者，是指在电子商务中为交易双方或者多方提供网络经营场所、交易撮合、信息发布等服务，供交易双方或者多方独立开展交易活动的法人或者非法人组织。”

双方的匹配效率。也正是在此意义上，平台突破了以往商事主体的单一角色，开始扮演商业形态的组织者角色；在此背景下，强控制、弱契约的治理模式正在替代强契约、弱控制的传统模式。为了寻求与这种模式相匹配的规范结构，就需要基于一致的理论框架对平台义务进行再界定，这里考虑通过引入控制力与风险防控的概念来完成。

从前文所作的梳理来看，无论是商家自营小程序模式还是电商平台小程序模式，小程序平台均对整个交易过程保持着一定的控制力。以微信小程序为例，腾讯公司①对微信小程序运营主体的控制力体现在以下三个方面：第一，腾讯公司对微信小程序上线之前的审核体现了直接控制与间接控制。一方面，小程序平台对小程序注册与审核的规范体现直接控制②，如果微信小程序潜在的运营者未通过腾讯公司的事先准入审查，将被拒绝注册，无法在微信小程序平台开展业务；另一方面，微信平台通过为小程序运营主体提供持续、稳定的用户流量而获得巨大的议价势力也体现间接控制。不仅如此，当内嵌小程序为电商平台时，微信还禁止用户通过小程序跳转到 App，使得小程序经营者只能在小程序中开展具体业务，用户也只能在小程序内浏览商品，并与经营者签订买卖合同。第二，腾讯公司通过制定各类平台规则规范小程序运营主体行为，从而实现对小程序内交易过程的影响。例如，腾讯公司专门规定了用户行为规范、③用户个人信息保护④等，并对违反相关规定的小程序采取拒绝注册、限制流量、封号等惩罚措施。第三，腾讯公司还对小程序相关费用实现一定的控制。与 App 内的交易不同，通过微信小程序进行的交易通常只能选择微信支付方式，因而微信还作为第三方支付机构参

① 为方便分析，此处将微信平台与微信小程序平台视为整体，均以腾讯公司表示。

② 参见《微信小程序平台服务条款》的规定：为确保微信小程序平台、微信公众平台、其他用户等各方的安全、稳定及良好的用户体验，腾讯公司将对需要发布的小程序进行发布审核。发布审核是指由用户发起，将其完成初始化开发的小程序提交至腾讯公司，由腾讯公司自行或委托第三方对该小程序的合法性、合理性、安全性、稳定性、可操作性、用户体验等各方面，采用包括但不限于开发信息核对、安全测试、UI测试、随机测试、动态测试等方式，进行审查、甄别、试验与评估的过程。发布审核结果包括审核通过与审核不通过两种。审核不通过的，该小程序将无法发布。

③ 参见《微信公众平台服务协议》关于用户行为规范的规定。

④ 参见《微信小程序平台服务条款》关于用户个人信息保护的规定。

与其中，微信支付手续费的收取也体现一定的控制力。

尽管如此，一旦通过准入审查，微信小程序运营者受到腾讯公司的控制程度就会弱化。在微信小程序这一商业模式中，微信小程序运营者的服务数据不保存于腾讯公司，微信小程序运营者通过微信小程序平台直接向用户提供数据和服务。腾讯公司也无法进入微信小程序运营者服务器查看或处理相关内容，这意味着腾讯公司对微信小程序运营者的正常商业行为的控制非常有限，当微信小程序运营者出现违法违规等行为时，腾讯公司能够采取的措施较为有限，如通过技术手段限制入口流量、封号等。

在收费模式方面，尽管腾讯公司可以通过微信支付施加一定的控制，但是腾讯公司并未采取与微信小程序运营者收益相挂钩的收益分成模式，也未采取小程序竞价排名的搜索机制，而是采取了收取固定认证费用和年审费用的收费模式。[①] 这一收费模式与上述准入审查控制相契合，更为中性，使得腾讯公司在收益上与微信小程序各个具体运营者的商业实践无具体关联。

另从操作流程上看，用户在使用小程序过程中，存在明显的跳转环节，即交易流程并非在微信平台完成，而是跳转到由微信小程序运营主体所控制的平台完成，但是一般的电商平台中交易通常仍在电商平台内部完成；尤其是在平台电商模式下，小程序平台对平台电商内的商家几乎无控制。因此，笔者认为，微信平台或微信小程序平台对交易流程的控制力不如一般电商平台。

事实上，不论是哪种模式，微信小程序平台对于整体交易的控制主要可以概括为两个方面：其一，微信小程序平台依托于微信平台，通过微信平台实现服务的提供；其二，微信平台为微信小程序平台提供较为庞大的用户群体与持续的流量，实现引流。从表面上看，这种控制十分接近于应用市场平台对于平台内应用程序开发主体的控制。不过若基于

---

① 《小程序接入指南》规定企业类型账号可选择两种主体验证方式。方式一：需要用公司的对公账户向腾讯公司打款来验证主体身份。打款信息在提交主体信息后可以查看到。方式二：通过微信认证验证主体身份，需支付300元认证费。认证通过前，小程序部分功能暂无法使用。

控制力因素作进一步分析，可以发现二者之间存在差异：（1）操作流程上，小程序不同于移动互联网应用程序 App，小程序无须下载、安装，用户即可依托于小程序宿主如微信进行使用，其主要目的是实现用户的引流、开发成本的缩减等。据此，小程序平台也不同于已有相对完善的规制体系的应用市场。（2）从表现形式来看，小程序平台并非以应用市场的形式为用户提供广泛的可选择的小程序，而通常由小程序运营主体自行推广或由用户自行搜索获取。（3）从审核流程来看，小程序对运营主体的审核强度要求也不如应用市场对 App 的审核。（4）从收费模式来看，尽管对于小程序开发者和 App 注册开发者，小程序平台与应用市场均采取一次性收取注册费的方式，但是在对用户收费方面二者差异显著，小程序平台通常不会直接向用户收取使用费，而应用市场以苹果应用商店 App Store 为代表，除 App 内收费外，仍设有面向用户收取的下载各类应用程序的不同定价。综合分析可以得出，尽管小程序与移动互联网应用程序或 App 所提供的服务有一定的相似之处，但是小程序平台对运营主体的控制力低于应用市场，这与前述“小程序的宿主尚不会被认定为应用商店”保持了一致。

综上所述，小程序平台介入消费者与商家之间的网络买卖合同或网络服务合同与电商平台相似，但又介入程度相对较低，且因其收费模式更为中性，因此其法律地位更偏于中立技术服务提供商；小程序平台对于交易的控制力介于网络服务提供者（尤其是应用市场平台）和居间人之间，但因为从微信小程序平台到电商平台或商家自营平台之间存在跳转，所以对提供网络服务的控制力存在一定程度的下降，使得其法律地位更偏向于居间人。基于此，应当区别于一般的电商平台，审慎界定小程序平台的义务范围。

## 二、基于控制力视角的责任体系构建

《电子商务法》对电子商务平台经营者和平台内经营者进行了区分，但其区分标准在微信小程序商业模式中存在主体认定难题。根据

《电子商务法》第九条的立法解释，微信小程序更接近于通过其他网络服务销售商品或者提供服务的经营者，因此应当承担与平台经营者相区别的义务和责任。但是，随着商业实践的发展，尤其是微信小程序对于商业模式介入程度和控制程度的上升，对于要求其承担平台主体责任的呼声也在加大。

具体而言，在角色定位上，对微信小程序的责任强度要求最低的是技术服务中介，最高则是电商平台经营者，依情景还可能承担广告发布者等方面的义务。微信小程序将自身定位为“能在微信内搭建和实现特定服务、功能的平台”，为用户提供中立的技术服务，属于《电子商务法》中的技术服务提供者，《电子商务法》相关立法解释与目前司法实践均认可该定位。然而，通过分析《微信小程序平台运营规范》和《微信小程序平台服务条款》以及小程序的商业模式可知，小程序不只是单纯的技术服务提供者，其对交易全过程进行管控，对小程序平台内的具体业务有一定的控制力。这种事实上的管控促进了平台中交易信任的形成和加强，如果抽象地认定微信小程序只是提供技术服务而无须承担平台经营者义务，那么不仅会使得微信小程序实际享有的权力与其承担的义务不匹配，更会不当地减轻其责任，使其逃脱监管、扰乱交易秩序与损害消费者福利。

《网络交易监督管理办法》第七条规定，“网络社交、网络直播等网络服务提供者为经营者提供网络经营场所、商品浏览、订单生成、在线支付等网络交易平台服务的，应当依法履行网络交易平台经营者的义务”。根据《网络交易监督管理办法》的规定，微信小程序平台可以被认定为平台经营者。

需要注意的是，微信小程序平台属于一种新型电子商务平台。作为平台经营者，微信小程序并不知悉微信小程序平台内经营者的具体商品和服务信息，也不保存相关交易信息，提供的是更偏于中立的基础技术服务，因此并不具备履行《电子商务法》第三十一条、第四十二条和第四十五条所规定的“商品和服务信息、交易信息保存义务”和“通知—删除义务”的技术条件。如果将腾讯公司认定为上述义务的履行主体，必然会颠覆微信小程序的商业模式。

当然，上述不便并不妨碍腾讯公司作为新型的平台经营者承担其他平台经营者应当承担的法定义务，如管理义务、网络安全义务和安全保障义务，尽管具体义务的范围还需要结合具体场景展开判断。比如，通过搜索进入的小程序和通过页面推荐进入的小程序可能就存在差异：在第一种模式下，微信小程序平台属于电子商务平台经营者，而将其连接的小程序运营者则为平台内经营者，其在通常情况下应当承担相应义务；在第二种模式下，微信小程序平台不仅需尽到一般的平台经营者义务，还应承担广告发布者的义务，主要包括《广告法》第四十五条规定的，违法信息审查义务，对明知或应知的违法广告行为予以制止。

此外，对于平台电商模式还有一点需要简单说明，不仅小程序平台应当被认定为电商平台，小程序运营主体也应当承担电商平台相应义务，二者的平台义务应当有所区分。腾讯公司的义务重点在于登记核验义务，特别是在我国施行准入许可制的行业中，腾讯公司应当根据行业的具体准入规范要求对接入的小程序运营主体进行登记核验。与此相对应，微信小程序运营者的义务更为全面，并且应当补充腾讯公司在履行“商品和服务信息、交易信息保存义务”和“通知—删除义务”时面临的技术不足，承担平台主体责任。

## 第三节　小程序平台的法律责任体系

基于前述的分析，本节旨在把控制力作为明晰公法与私法边界、界分平台义务和责任的依据，构建小程序电商的法律责任体系。

一般而言，平台经营者对平台内经营者的控制程度越高，平台经营者在收费方面与平台内经营者的收益挂钩程度越大，所应承担的安全保障义务和最大努力义务标准也就越严苛。反之，如果平台经营者对平台内经营者的控制程度较低，且收费模式与平台内经营者的收益无关，则平台经营者的安全保障义务和最大努力义务标准也应降低，平台经营者的角色就更加向中立技术服务提供者的角色靠拢。基于前文分析，腾讯公司在微信小程序商业模式下的行为可被认定为是中立基础技术服务提供行为与平台治理行为的结合。腾讯公司为微信用户和微信小程序运营者提供中立的技术服务，同时确保在此技术服务基础上建立的商业生态圈能够具备基本的有序运行状态。

上述行为的定性决定了腾讯公司在履行安全保障义务和最大努力义务时的边界。与一般的平台经营者相比，腾讯公司在微信小程序平台中应承担的安全保障义务和最大努力义务标准应适当降低。基于微信小程序平台的技术特征，在一般情况下不应推断腾讯公司“应当知道”平台内经营者销售的商品或提供的服务不符合保障人身、财产安全的要求。只要腾讯公司切实履行了对平台内经营者的事前资质资格审核义务，并建立起完善的监督举报纠错治理机制，则应视为腾讯公司已履行相关的安全保障义务和最大努力义务。私法层面更多关注腾讯公司的中立基础技术服务提供行为，但容易忽视其作为微信小程序平台的最终管理者所应承担的安全保障义务和最大努力义务。公法层面更多关注腾讯公司在微信小程序平台上的治理行为，但有可能对其施加过于严格的治理责任，当其在技术上无法承担过于严格的治理责任时，微信小程序的商业模式根基可能被动摇。

因此，在对微信小程序平台责任进行体系化整合时，要考虑公法管制和私权保障之间的协调性和相互之间的联动影响，特别要注意以下几点。

第一，微信小程序平台以微信社交平台为依托，将自身定位为“能在微信内搭建和实现特定服务、功能的平台”，然而由于其为平台经营者提供了虚拟交易空间、订单生成、在线支付等平台服务，管控交易的全过程，其性质从社交平台中的技术服务提供者转向电子商务平台经营者，承担相应的电子商务平台经营者义务，但其并非直接的交易撮合者，其责任强度应当弱于淘宝、天猫等典型的网络交易平台。但是，微信小程序平台也不是纯粹的技术服务提供者，基于微信小程序平台同时具有电子商务平台经营者、信息处理者等多重角色，其所应承担的义务以及面临的行政责任也是多维度多面向的。在确定不同维度下微信小程序平台义务范围和责任强度时，应结合具体规范所欲防范的风险类型、微信小程序提供的服务内容以及微信小程序对于小程序经营者的控制性和收费模式等展开具体分析。

第二，安全保障义务被认为是融合各维度立法的体系，是公法与私法汇流的闸口。通过安全保障义务，公法的规定直接引入私法的内部，从而使得公法的规定成为私法关系内容的一部分，这意味着若公法上尽到了安全保障义务，就应当减轻甚至免除私法上对应的责任，以充分调动平台经营者防控风险的积极性。在微信小程序平台中，其所防范的风险除了一般性的信息（数据）安全风险和网络安全风险外，还包括具体嵌入的平台类型可能带来的风险。最大努力义务要求微信小程序平台除承担一般性的平台经营者义务外，还应当根据嵌入的平台类型进行差异化、有侧重的审查。

第三，平台经营者承担公法审查义务的基础在于社会共治模式、治理成本效益的最大化和消费者权益保护的需要，但这实质上构成对平台经营者的财产权侵害，当存在其他侵害更小且能实现等同规制效果的手段时，应当避免对其课以公法审查义务。当私法自治无法实现风险防控目的时，公法规制才有介入的必要。《微信小程序平台运营规范》和《微信小程序平台服务条款》通过私法协议对违反相关规定的小程序采取拒绝注册、限制流量、封号等惩罚措施，而这些规定所保护的利益和防范的风险与公法义务有着较大程度的一致性。因此，只有在小程序平台缺乏激励自我规制的情景时，加强平台责任才有必要性。尊重其自我规制，一方面减轻政府规制的负担，提高监管效能；另一方面也能引导平台承担社会责任，促进平台经济健康有序发展。

## 一、民事义务体系

小程序平台的民事义务体系包含约定与法定两个层面。以微信小程序为例，在约定义务方面，腾讯公司内部的微信平台、小程序平台和电商平台、直接入驻的商家等小程序运营主体均应遵守《腾讯服务协议》

《腾讯微信软件许可及服务协议》《微信公众平台服务协议》《微信小程序平台服务条款》等合同中所规定的各项内容。

在法定义务方面，小程序平台作为中介人需要履行的主要义务包括《民法典》第九百六十二条规定的如实报告义务，《民法典》第五百零九条规定的遵循诚信原则履行通知、协助、保密等义务，《民法典》第八条规定的不得违背公序良俗的义务等，以及侵权责任编的一般规定。在侵权责任的承担方面，安全保障义务包括一般安全保障义务与特殊安全保障义务两部分。例如，《民法典》第一千一百六十五条第一款包含了一般安全保障义务，《民法典》第一千一百九十八条和《电子商务法》第三十八条第二款则规定了特殊安全保障义务。[①]具体而言，电子商务平台经营者依据《电子商务法》第三十八条第二款承担的相应责任是一种包容性的民事责任，既包括补充责任，也包括少数情形下的连带责任或者按份责任，应根据电子商务平台经营者的审核或者安全保障义务内容及相关实际情形进行判断；[②]而电子商务平台经营者作为私法意义上的民事主体，在网络专利侵权纠纷中，不具有专利侵权的审查判断和采取移除措施的责任和义务，当电子商务平台经营者作为平台内专利侵权纠纷的第三方当事人时，只有其行为构成间接侵权，才应该与平台内经营者共同对专利权人的损失承担连带赔偿责任。[③]小程序平台应当基于其与电子商务平台经营者控制力的比较，承担相应的民事责任。

## 二、行政义务体系

微信小程序平台被定性为网络交易平台经营者后，其应当承担相应的平台经营者义务，但并不意味着其对所有行政规范中提及的义务都应以同等程度遵守、建立同样严格完备的风险防控体系。微信小程序在不

① 参见林洹民:《电商平台经营者安保义务的规范解读与制度实现》,载《现代法学》2020年第6期。

② 参见王道发:《电子商务平台经营者安保责任研究》,载《中国法学》2019年第6期。

③ 参见张德芬:《〈电子商务法〉中"通知与移除"规则评析——以专利侵权纠纷中电商平台责任为例》,载《知识产权》2019年第3期。

同模式服务的提供上具有信息控制、交易违法的发现与阻止及安全保障义务履行能力的差异，因而其行政义务的界定不得采取“一刀切”的办法，而应结合小程序商业模式的内容具体展开分析。整体而言，小程序平台所需承担的行政义务主要包括三项，分别是网络信息数据安全保护义务、平台内信息管理义务和知识产权保护义务。

首先，网络信息数据安全保护义务。微信平台掌握了大量用户信息，当然需要承担《个人信息保护法》《数据安全法》《网络安全法》《互联网信息服务管理办法》等法律法规规定的网络信息数据安全保护义务。微信小程序平台虽然并不能掌握商家与用户交易过程中的全部信息，但是对交易服务过程中产生的数据和信息的控制程度并不亚于一般的电商平台；尤其是在微信小程序依托于整个微信生态体系的情况下，微信小程序平台对交易数据的控制力甚至可能高于一般的电商平台，理应承担与其控制力相适应的网络信息数据安全保护义务。

其次，平台内信息管理义务。结合前文有关民事义务体系的分析可以得出，平台经营者行政义务中的注意义务分为三个层次：对平台内商品或服务信息的一般性监控检查义务、对平台内经营者明显侵权行为的一般性安全保障义务、对平台内经营者非明显侵权行为的最大努力安全保障义务。在一般性监控义务方面，小程序平台需要对于接入的小程序运营主体身份信息和经营信息进行登记核验。在安全保障义务方面，鉴于目前小程序平台对电商平台内商家的控制程度不如电商平台，且小程序平台的宿主掌握的仅是基于支付产生的订单信息，因此小程序平台的安全保障义务应当以此为基础。

最后，知识产权保护义务。当前电商平台知识产权保护存在审查义务与能力不匹配的问题，知识产权恶意投诉也加重了电商平台注意义务。[①]无论是在商家自营模式还是平台电商模式下，小程序平台对商家提供的商品、服务的具体内容并不明晰，这增加了其承担知识产权保护义务的难度。依据前述控制力视角的分析，小程序平台所应承担的知识产

---

① 参见祝珺：《电商平台知识产权保护问题研究》，载《知识产权》2020年第4期。

权保护义务程度应相对低于电商平台。[①] 我国已将“通知—删除”规则修正为“通知与必要措施”规则，实践中接入、传输服务提供者等网络服务提供者均应当适用“通知—删除”规则，小程序平台知识产权保护应根据案件的具体情况，参考小程序平台对交易流程的控制力，结合比例原则要求采取必要措施。[②]

总而言之，小程序平台法律责任体系的构建既应依据小程序平台的控制力要求其承担恰当的注意义务，也要求发挥平台内规则私权力的作用承担平台交易安全、交易秩序的维护义务。[③]

---

① 参见杨立新:《电子商务交易领域的知识产权侵权责任规则》，载《现代法学》2019年第2期。《电子商务法》第四十一条至第四十五条规定了电子商务交易领域的知识产权侵权责任规则，除第四十一条规定了电子商务平台经营者保护知识产权的义务之外，第四十二条至第四十五条规定的是电子商务交易领域中的知识产权侵权责任规则，包括“避风港”原则和“红旗”原则。在“避风港”原则中，知识产权权利人对平台内经营者实施的侵权行为享有通知权，一经行使，电子商务平台经营者即发生相应的及时采取必要措施等义务；错误行使通知权的，不仅自己要承担侵权的补偿性赔偿责任或者惩罚性赔偿责任，而且对方即平台内经营者产生反通知权，以对行使通知权的行为予以反制。适用“红旗”原则的要件是电子商务平台经营者知道或者应当知道平台内经营者实施了侵权行为而不采取必要措施，构成共同侵权行为中的帮助行为，应当与平台内经营者共同承担侵权连带责任。

② 参见李扬、陈铄:《“通知删除”规则的再检讨》，载《知识产权》2020年第1期。采取的必要措施包括“定位清除”、建立顺畅的“通知—受理—转通知”渠道、提供侵权行为人相关信息、终止网络服务等与其所提供服务的特点相匹配的措施。

③ 参见刘权:《网络平台的公共性及其实现——以电商平台的法律规制为视角》，载《法学研究》2020年第2期。

# 第十章　网络拍卖平台的法律责任界定

## 本章要点

1. 法律定位

在实然层面，我国现有法律规范与司法实践并未对拍卖、网络拍卖、公开拍卖等规范术语的内涵和性质进行明确界分，对于拍卖平台的法律性质也缺乏统一、清晰的认知。

在应然层面，界定网络拍卖平台法律地位的关键在于区分不同的网络拍卖模式。依据发拍主体（委托人）的性质差异，网络拍卖大致上可以区分为强制性拍卖、任意性拍卖、网络竞价三种。强制性拍卖中，平台须依照相关规定承担网络信息服务提供者的义务和责任。任意性拍卖中，平台的性质是网络交易平台，具体界定时还应区分自营模式与非自营模式。自营模式下，网络平台需要依据《拍卖法》承担拍卖人作为受托人和服务提供者应当承担的责任，同时承担作为电子商务经营者应当承担的责任；非自营模式下，网络拍卖平台可能承担类似中介人的合同责任，也可能承担《电子商务法》规定下相应的侵权责任，同时还可能依据《电子商务法》等承担平台经营者的公法责任。网络竞价本质上并不涉及拍卖机构资质和拍卖活动，而是仅作为确定网络交易价格的一种方式，其本质仍是电子商务活动的一种，此时网络平台需要承担作为电子商务经营者应当承担的法律义务。

2. 责任体系

网络拍卖平台的法律责任需要依据不同业务模式下的平台定位进行区分。

在民事义务方面，任意性拍卖中，自营模式下，网络拍卖平台需履行其与相关主体签订的网络服务合同、委托代理合同、买卖合同等合同中约定的责任义务；非自营模式中，网络平台作为网络服务提供方，并不直接参与拍卖活动，所需承担的民事责任仅源于网络服务合同。无论任意性拍卖还是网络竞价模式，网络平台一旦被认定为平台经营者，就应当承担《民法典》《电子商务法》规定的安全保障义务；在侵害知识产权纠纷中，应按照“通知一规则”和“红旗规则”等承担民事责任；违反资质审核义务时，可能承担帮助侵权责任；还可能承担违法电子支付的民事责任、先行赔付责任、毁损电子交易资料的民事责任等。

在行政义务方面，强制性拍卖中，平台作为网络服务提供者需遵守有关网络拍卖的司法解释中对于网络拍卖平台责任义务的规定；在任意性拍卖和网络竞价交易中，网络拍卖作为电子商务经营者应当履行《电子商务法》《网络交易监督管理办法》等规范中有关平台经营者的相关义务。在任意性拍卖自营模式中，网络拍卖平台除了需要承担作为平台经营者或者是自建网站的电子商务经营者需要承担的法律义务外，还需额外承担其作为拍卖人的法律义务。

## 第一节　拍卖的历史演进

### 一、线下拍卖发展简述

根据相关史料记载，中国最早的拍卖活动出现于魏晋南北朝时期，当时的寺庙通过“唱衣”的方式将去世僧人的衣物和贡品对外出售，价高者得，所获善款用于维持寺庙经济。然而据考证，“拍卖”一词最早出现的时间是在唐朝。根据唐朝时期的《通典》记载，玄宗开元25年(公元737年)召令“请以财物典质者……经三年不赎，即行拍卖”，此处的拍卖与现代意义上的拍卖已有相似之处。明代中期，商品经济萌芽，尽管始终没有形成规模，但多地出现了拍卖个案。此后的很长时间里，由于封建社会自给自足的经济特性，商品生产及交换范围非常有限，拍卖业发展极为缓慢。直至清末鸦片战争爆发后，随着西方列强进入中国，拍卖这种古老的交易方式也被带到了中国。至此，拍卖作为一种市场经济的衍生物逐步在各地发展起来。

中国拍卖业的发展呈现出由南部向北部扩展的态势。上海、广州等几个主要的城市，逐渐形成了具有一定区域辐射力的拍卖中心。1855年，香港揽匆兄弟拍卖行成立，该拍卖行主要拍卖政府整批处理的破产物资。1874年，英国人在上海开设了中国第一家拍卖行鲁意斯摩拍卖洋行，其拍卖较多的标的是一些舶来品和大量的海关罚没物资。随后，英国的瑞和洋行与罗森泰洋行、法国的三陆洋行、日本的新泰洋行、丹麦的宝和洋行等纷纷挂牌，在上海做起拍卖生意。这些拍卖机构最初的主要业务是对进出口商品中的纠纷商品进行鉴定、估价、处理。海关的没收物品、海洋运输中的水渍物品、银行委托的典押品以及保险公司、法院的一些业务也由其代为拍卖和处理。此外，这些拍卖机构还兼为个人拍卖家具、旧货等。

与此同时，中国的商人和一些外国拍卖行的中国雇员们见到拍卖业投资少，易经营，也效仿办起了拍卖行，例如有“榔头大王”之称的怡和拍卖行便是其中一例。民国时期，拍卖业在国内迅速发展，直到抗日战争爆发，港口外轮断绝，物资减少，大量拍卖行倒闭，拍卖行业逐渐萎缩。在这漫长的历史发展过程中，中国拍卖业始终缺乏顶层制度设计，也没有形成相关的法律规范体系，行业发展零散而缓慢，远远落后于国外拍卖业。

1958年，中国历史遗留下来的最后一家拍卖行在天津关闭。中国拍卖业的发展中断了将近三十年，直到1986年，中国才迎来改革开放后的第一家拍卖机构——广州拍卖行。此后，上海、北京、天津等大城市相继成立了拍卖行。拍卖行的兴起带来了拍卖业的繁荣，文物珍宝、名人字画、稀有图书、豪华别墅、涉公货物等越来越多拍卖物进入拍卖市场。1987年12月，首宗土地使用权拍卖会在深圳举行，深圳房地产开发公司以525万元竞得土地“第一拍”，从此土地使用权作为资产被引入拍卖市场。1993年6月，上海经营艺术品的国营百年老店朵云轩成立了上海朵云轩艺术品拍卖公司，并举行了首届中国书画拍卖会。这次中国史无前例的拍卖开始引起海内外普遍关注，也掀起了国营文物商店和文物公司纷纷转型成立艺术品拍卖公司的浪潮。

然而，拍卖业迅速发展的同时也折射出一些亟待解决的问题，比如拍卖缺乏统一的程序、方式，拍卖各方参与主体的法律关系和法律责任不明确，文物拍卖是否合法，公物拍卖具体执行有何限制等。虽然当时地方层面出台了一些关于拍卖的规范性文件，但是较为零散，有的甚至相互矛盾，因此亟须从国家立法层面予以规范。

1992 年是全国性拍卖立法工作的起步之年。1992 年 8 月 30 日，国务院办公厅发布了《关于公物处理实行公开拍卖的通知》。这是中华人民共和国成立后拍卖史上首次在国家层面以国务院规定的形式对拍卖业作出认可，并且明确允许各城市拍卖行除承办公物拍卖外，可以在地方政府指导下开展其他物品的拍卖，充分发挥拍卖制度在发展商品经济中的作用。1994 年 10 月 2 日，原国内贸易部以第一号令的形式发布并实施了《拍卖管理办法》。该办法吸收了各地拍卖立法之精华，对拍卖活动参与者的权利义务、拍卖程序、拍卖方式、合同和公告格式等内容作出了相当具体的规定，对于统一全国拍卖立法、规范拍卖业行为起到相当显著的作用。1996 年 7 月 5 日，第八届全国人大常委会审议通过了《拍卖法》，自 1997 年 1 月 1 日起正式施行。《拍卖法》的颁布真正意义上在法律层面确定了我国拍卖企业、拍卖行业协会、拍卖师、相关监管部门的法律地位和职能；解决了我国长期以来拍卖体制混乱、审批权限不明的问题；规定了拍卖当事人的权利义务、拍卖程序、违法拍卖的法律责任，保证了拍卖活动各方当事人的合法权益；将公物拍卖的标的范围及执行机构以法律形式固定下来；明确了从事文物拍卖的必要条件，从而确认了文物拍卖的合法性，打破了我国长久以来文物独家经营的格局。

20 世纪 90 年代中后期，我国拍卖业日益繁荣，拍卖标的额屡创新高。尽管如此，从拍卖模式上来说，直到 20 世纪 90 年代末，中国拍卖仍然沿袭传统拍卖的程序和形式。例如，必须有委托人、拍卖行、竞买人这三方角色，拍卖必须在线下举行并且由拍卖师主持，竞拍需由竞买人通过不断举牌加价直到最后一个竞买人出价后无人再加价则视为其胜出等。这一切在21世纪互联网时代到来之后发生改变，拍卖行业也因此开始发生翻天覆地的变化。21世纪以来，互联网背景下的中国网络拍卖不仅发展出C2C在线拍卖、拍卖机构自建网站线上拍卖、资产网络拍卖、珍品网络拍卖等多种形式，较大地提升了拍卖市场的效率，而且借助网络司法拍卖，推进了法律的实施效率和效果。

## 二、网络拍卖发展简述

网络拍卖这一新模式的发展契机源于互联网的出现和快速发展。最早从事拍卖的网站易趣网于1995年由美国人皮埃尔·奥米迪亚创立，其后热度不断上升，成为世界上最大的交易网站之一。随着电子商务的发展以及国外经验的传入，我国网络拍卖形成全面发展的态势。近年来，我国网络拍卖市场规模日益扩大，网络拍卖平台的用户数量也在持续上升，网络拍卖迎来了发展的黄金时期。简单来看，按照不同拍卖模式出现日期的早晚，我国网络拍卖的发展大体上可以分成四个阶段。

第一阶段：拍卖作为一种价格发现手段。

1994年，中国正式接入国际互联网。1998年3月，中国互联网网上交易第一单诞生。自此，电子商务在中国逐渐发展起来。1999年，易趣网成立，它是国内首家C2C电商平台，也是国内最早采用交易模式的平台。事实上，当时的易趣网主要是模仿被公认为全球电子商务鼻祖的易趣网平台的在线拍卖业务模式。这种模式的最初形态是由个人卖家将自己的物品挂在平台上售卖，开始只设定一个起拍价和固定的竞拍截止时间，由至少两人以上的买家通过不断加价参与竞拍，在倒计时结束时最后一个出价最高者视为胜出，即可获得该商品。这种交易模式与传统拍卖的不同在于：只有买家和卖家的参与，没有拍卖机构作为中间人，不需要委托和拍卖师主持，卖家可以是自然人、法人、非法人组织，竞拍标的物没有太大限制，以倒计时结束视为竞拍结束等，而平台在这中间只负责提供技术服务，不介入竞拍过程。虽然后来拍卖过程的具体组织方式不断更新，但是其竞价的本质基本保持不变。

随着网络交易的发展，特别是随着大量经营者入驻平台，竞价作为一种价格发现方式议价成本高的劣势开始显现，大多数提供标准商品的商家转而使用一种议价成本更低的定价方式，那就是“一口价”（take it or leave it）。尽管如此，竞价依然还是常见于非标物品（如球星签名球鞋、限量款、古董等）的交易之中。特别是随着非标物品尤其是收藏品交易的日益发展，一些经营者瞄准商机，致力于成为专业领域的领军拍卖平台。

2015 年，得物网站成立并逐渐聚集了一大批热爱球鞋、潮品穿搭和潮流文化的爱好者。得物网站在其经营模式中增加了鉴别真假与查验瑕疵服务，并采取竞价方式确定商品价格，吸引了一批年轻用户。同一时期，专注于文玩艺术品的电商平台微拍堂成立，通过引入网上竞拍，搭建了 B2C 的网络珍品交易平台，解决了线下古玩城房租成本高、安全风险大、跨地交易难的问题。随后，淘宝、京东等网络平台也开始进军网络珍品拍卖，并取得快速发展。2019 年以来，随着网络直播的快速发展，微拍堂电商平台把竞拍模式与直播模式相结合，再次引起市场的关注。不管模式如何变化，这些平台在拍卖过程中大都扮演网络服务提供者的角色，较少直接介入拍卖活动的组织，与一般电子商务的差异不大。

第二阶段：拍卖机构自营网站拍卖活动。

随着互联网技术的不断成熟，传统拍卖行业也开始积极探索利用互联网技术为拍卖服务。2000 年，中国嘉德拍卖机构成立国内第一个在线拍卖网站，不过其主要功用在于宣传、展示，实际拍卖活动基本还是在线下举办，拍卖方式也没有实质变化。随后几年，越来越多的拍卖机构建立了官网，直到 2010 年前后，这些拍卖机构的官网才慢慢开展真正的线上拍卖，即竞拍者不到拍卖现场就可以通过网络出价参与竞拍，并出现线上线下同步拍卖的模式。

总体上看，拍卖机构通过自建网站开展的网络拍卖活动更多体现为“互联网 + 拍卖”的模式，与线下拍卖的实质性差异不大，只是表现为互联网这种技术的引入。和传统拍卖模式一样，线上拍卖也是通过举牌方式不断加价，直到没有人出价，最后一个出价最高的胜出；拍卖标的还是以文物艺术品等价格较为昂贵的藏品为主；拍卖机构在拍卖活动中主要还是作为拍卖人存在，各方当事人之间的法律关系和传统拍卖并无不同。

第三阶段：网络司法拍卖。

网络拍卖行业发展的转折点是网络司法拍卖的出现。由于传统的线下司法拍卖都是由司法机构自行组织或者委托拍卖机构组织的，存在成本高、参与主体受限等一系列问题，在互联网时代到来之后，司法机构开始探索利用新技术解决这些问题的可能。重庆法院最早作出尝试，于2010年12月启用司法拍卖互联网竞价系统，将涉诉资产的司法拍卖全部纳入重庆联合产权交易所进行处置，由交易所替代法院和拍卖机构开展拍卖活动的组织，比如由交易所统一发布拍卖信息、提供拍卖场地和电子竞价系统、对拍卖过程进行录音录像、出具涉诉资产处置证明等。这样就在法院与拍卖机构之间引入了一个第三方平台，有效防止牟取非法利益。

浙江省高级人民法院于2011年年底启动自主型网络司法拍卖改革，开发网络司法拍卖系统。2012年《民事诉讼法》的修订直接将原先“人民法院可以按照规定交有关单位拍卖或者变卖被查封、扣押的财产”的规定修改成了“被执行人逾期不履行的，人民法院应当拍卖被查封、扣押的财产”，从而确立法院作为拍卖组织者的地位，为法院主导的网络司法拍卖的发展扫清了制度障碍。在此背景下，各地法院也纷纷就网络司法拍卖模式展开了积极的探索、实验和改革，形成了许多不同的网络拍卖模式。

经过几年的探索，为解决网络司法拍卖发展中存在的性质不明确、网络拍卖平台主体法律地位不明、权责利不明、监管主体不明、程序不一、救济措施欠缺等问题，最高人民法院于2016年出台《关于人民法院网络司法拍卖若干问题的规定》。其中第二条明确规定，人民法院以拍卖方式处置财产的，应当采取网络司法拍卖方式，但法律、行政法规和司法解释规定必须通过其他途径处置，或者不宜采用网络拍卖方式处置的除外。这就确立了网络司法拍卖的法律地位，标志着我国形成了以网络司法拍卖为常态、委托司法拍卖为例外的司法拍卖执行模式，揭开了网络拍卖的新篇章。2016年年底，最高人民法院公布了司法拍卖网络服务提供者名单库。截至目前，这个名单库中共有7家单位入围。

网络司法拍卖与传统线下拍卖呈现出明显的不同：一是拍卖活动直接由法院通过线上系统完成，没有拍卖机构的介入，没有委托人，属于司法强制行为；二是网络平台在拍卖活动组织的过程中仅提供技术服务，不参与竞拍活动的组织，也不向任何一方收取任何服务费，法律地位比较清晰；三是司法拍卖的标的物范围较广，远超传统线下拍卖，只要是各地法院依法查封、扣押、冻结的被执行人名下的各类财产，如车船、房产、股权、债权、土地、工程、机器设备、古玩字画、珠宝首饰、无形资产、虚拟资产等，都可以拍卖。

第四阶段：相关资产类竞价交易或拍卖。

2016年以来，随着网络司法拍卖模式获得了法律上的肯定以及实践上的成功，其他政府部门和市场上有资产处置需求的主体开始关注网络拍卖，试图解决传统资产处置中存在的处置效率低、触达范围小、拍卖佣金高、法律风险高等问题。对于这些需求，网络平台作出了积极的回应。借鉴网络司法拍卖业务中积累的经验，依托强大的技术能力，网络平台开始探索支持涉诉资产以外类型资产的网络竞价处置方式，并逐步孵化出一些网络拍卖的新型业务生态，吸引了除人民法院外的其他机构单位入驻平台，比如行政机构、交易所、破产管理人、国有企业、资产管理公司、金融机构、拍卖行等，涉及罚没资产、破产资产、金融资产和国有资产等标的。拍卖过程中，尽管也有少数网络平台直接充当拍卖人角色，但与网络司法拍卖一样，大多数网络平台常常扮演着网络服务提供者的角色，不直接介入拍卖活动的组织。

## 第二节　网络拍卖活动适用法律规范分析

由于网络拍卖兴起晚，发展迅速，模式多样，实务界与理论界对于网络拍卖背后法律关系的分析并不多，对于一些关键主体尤其是网络平台在网络拍卖中的法律地位还有分歧，对于特定拍卖模式中存在法律问题的理解和认识也不成熟。本节旨在通过梳理既有的法律规定和实践经验，厘清潜在的争议点和分歧点。

### 一、拍卖活动国内适用法律规范分析

拍卖领域适用法律法规的梳理不仅需要考虑拍卖相关的法律法规，还需要考虑拍卖标的物出让相关的法律法规以及可能涉及的程序性规范。由于相关规范比较多，在此先考察线下拍卖、公物拍卖、司法拍卖、资产拍卖、网络拍卖等五个领域，进行简单梳理。

第一，不论哪一种拍卖形式，都需要考虑是否适用拍卖相关的特别法，主要规范包括《拍卖法》《拍卖管理办法》《拍卖监督管理办法》，以及《民法典》中的相关条款。从《拍卖法》主要框架和主要条文可以看出，该法主要从拍卖标的、拍卖主体、相关流程和责任等方面作出规定，明确了拍卖人、委托人、竞买人、买受人等相关当事人在拍卖过程中的权利和义务，以及拍卖委托、拍卖公告与展示、拍卖实施、佣金等程序方面的具体要求。在适用范围方面，《拍卖法》第二条明确其适用范围为“中华人民共和国境内拍卖企业进行的拍卖活动”，并在该法第十条至第十二条将拍卖企业限定为“依法获得省级拍卖业务主管部门行政许可的从事拍卖活动的企业法人”。在拍卖的具体含义方面，《拍卖法》指出，拍卖是指以公开竞价的形式，将特定物品或者财产权利转让给最高应价者的买卖方式，即拍卖是一种以公开竞价确定交易对象的商业交易方式。其中还明确，涉及行政机关和司法机关涉公货物（罚没及其他

物）依法拍卖的，需要指定拍卖机构进行，明确了涉公财产处理上的强制属性。《民法典》关于拍卖的条款大致分三类：一是将拍卖作为与变卖、购买等类似的获取或处置资产的一种方式；二是将拍卖作为司法强制执行或者行政强制执行的一种方式；三是作为转致《拍卖法》相关规定所设计的条款。这意味着，对拍卖活动性质的理解需要结合《民法典》和《拍卖法》展开解释。

第二，在公物拍卖领域，《行政许可法》《行政处罚法》《行政强制法》《治安管理处罚法》等皆对行政罚没拍卖作出规定，《文物保护法》《社会保险法》《促进科技成果转化法》《税收征收管理法》等法律则在各细分行业作出更为细致的规定。从现有规定看，涉及公物时，拍卖通常被看作特定权利赋予或者行政强制执行的一种方式，比如《行政许可法》第五十三条和《行政强制法》第十二条就对此作出了明确的规定。相关法律法规通常会对公物拍卖作出非常明确的实体和程序要求，以匹配《拍卖法》第九条指定拍卖人的规定。比如，财政部出台的《罚没财物管理办法》第十六条就明确，拍卖应当委托具有相应拍卖资格的拍卖人采取公开拍卖的方式进行。《海关涉案财物拍卖若干问题的规定》也明确规定，海关涉案财物拍卖需要委托拍卖企业进行，海关可以参考行业协会依据国家标准评定的拍卖企业资质等级，结合实际情况通过综合评价的方式建立涉案财物公开拍卖企业名单库；海关涉案财务拍卖可以通过网络拍卖的方式进行，实施网络拍卖的，拍卖企业应与海关协商选择网络拍卖平台，并与网络拍卖平台签订服务协议，明确平台和拍卖企业开展网络拍卖工作的权利和义务。

第三，在司法拍卖领域，除了《民法典》的相关规定，《民事诉讼法》第二百零四条、第二百五十一条、第二百五十四条也涉及司法拍卖相关问题，进一步明确了拍卖作为民事强制执行的一种方式。随着网络司法拍卖的兴起与推广，最高人民法院于2016年发布了《关于人民法院网络司法拍卖若干问题的规定》。该司法解释明确，网络司法拍卖指人民法院依法通过互联网拍卖平台，以网络电子竞价方式公开处置财产的行为，适用于人民法院以拍卖方式处置财产的情形，并对人民法院、网络信息服务提供者等相关主体的职责作出了规定。为了配合该解释的实施，最高人民法院还发布了《关于建立和管理网络服务提供者名单库的办法》，明确了纳入网络司法拍卖名单库的具体要求。

第四，在资产拍卖领域，涉及破产财产、金融资产、国有财产等资产的处置规定。《企业破产法》第一百一十二条对破产财产的拍卖作出了规定，破产财产拍卖是破产企业管理人根据《企业破产法》的规定及债权人会议表决通过的《资产变价方案》通过公开竞价处分破产企业财产的行为，拍卖主体系管理人，管理人在破产拍卖中没有强制力，破产财产拍卖本质是一种私法性质的法律行为，管理人代表破产企业与竞拍人之间成立合同关系。破产管理人作为发拍主体，应当遵守《企业破产法》等领域相关法律法规要求。对于金融资产，《金融资产管理公司资产处置管理办法》和《财政部关于规范国有金融机构资产转让有关事项的通知》明确，资产公司和国有金融机构转让资产原则上应采取公开竞价方式，其中就包括拍卖，并明确采取公开拍卖方式的，应选择有资质的拍卖中介机构组织实施。不过值得注意的是，采取网络拍卖方式的，应当在互联网拍卖平台上向社会全程公开，接受社会监督。这意味着，监管部门开始意识到公开拍卖与网络拍卖可能存在不同。在《企业国有资产交易监督管理办法》中，拍卖与网络竞价被视作两种不同的国有资产处置方式。

第五，就网络拍卖而言，除了上述规范提及的条款，并不存在直接针对网络拍卖活动的规范。商务部曾出台《关于规范和促进拍卖行业发展的意见》，并指出要规范网络拍卖活动，加大《网络拍卖规程》（GB/T 32674—2016）国家标准的宣传贯彻力度，不断提高网络拍卖规范化水平。《网络拍卖规程》成为网络拍卖行业的重要规范来源。[①] 当然，网络拍卖领域没有特别规定，并不意味着无法可依。特别是对于网络拍卖活动组织的关键主体网络平台而言，《拍卖法》及其配套规范，以及《电子商务法》及其配套规范皆可适用。网络平台一旦被认定为电子商务经

---

① 在《网络拍卖规程》中，网络拍卖平台被界定为“为交易各方提供相关服务的信息系统”。

营者，乃至电子商务平台经营者，就需要依照有关规定承担主体责任；如果网络平台还以自营模式开展网络拍卖活动，需要依照拍卖方面的法律法规承担拍卖人的主体责任。

综上所述，从现有法律规范中大致可以推出以下初步结论。

其一，传统线下拍卖和网络司法拍卖活动的法律关系最为清晰，对于相关主体的法律地位也有成熟规范可以直接适用，即传统线下拍卖直接适用《拍卖法》的规定，而网络司法拍卖可直接适用最高人民法院发布的《关于人民法院网络司法拍卖若干问题的规定》。

其二，随着网络拍卖以及交易活动的快速发展，网络拍卖的法律关系与规范适用要更为复杂，不仅要考虑拍卖活动本身的规范，还得结合拍卖标的物相关规范以及网络交易相关规范。网络拍卖模式的创新为规范的适用带来了一些挑战。比如，网络拍卖的程序与线下拍卖程序的差异就使其很难依照《拍卖法》的程序要求来开展拍卖活动；特别是，在越来越多的场合，拍卖开始回归作为一种财产出让和价格发现机制的本质，体现出民事法律行为的属性，对《拍卖法》作为行业管理法的定位提出了一定的挑战。

其三，随着网络拍卖（或者交易）的快速发展，针对网络拍卖的特殊性，已有一些规范作出反应。如前所述，部分规范（如《海关涉案财物拍卖若干问题的规定》第五条、最高人民法院发布的《关于适用〈中华人民共和国民法典〉合同编通则若干问题的解释》第四条）已经明确把网络拍卖和拍卖区分开来，把网络拍卖视作由第三方网络平台提供的一种价格发现服务，其本质是确定交易价格的一种方式，并非特指网络拍卖经营活动，更非《拍卖法》规范的有资质的拍卖机构所开展的经营活动，尽管尚未见到有规范对这种区分作出明确的阐释或者配套相关实施细则落地。

## 二、域外部分国家对拍卖活动的法规适用

### （一）美国

美国拍卖业是100%市场化的行业，并没有专门全国性规范拍卖活动的法律，所有拍卖活动都遵循一般的财产法、买卖法和合同法，即遵守《统一商法典》《联邦贸易委员会法案》等。网络拍卖全国性适用法律与网络交易的规范一致，主要是《统一电子交易法案》《电子签名法》《计算机欺诈与滥用法》《统一计算机交易法》等。美国各州大多对一般拍卖有所规定，但是对网络拍卖没有规定，即使有相关规定，也是对网络拍卖豁免的内容。综上所述，美国监管机构对于网络拍卖采取与网络交易相同的监管框架和模式，并未针对网络拍卖出台关于设置拍卖许可、拍卖师执照等相关规定，而是在现有网络交易法规规范下通过行业协会自治以及企业自律完成对行业整体的监管。

### （二）英国

英国没有专门囊括各项拍卖法律事项的拍卖法案，因此，英国拍卖业涉及不同领域的多种法案。英国现有法案对拍卖的规定较为简单，如1845年《拍卖商法案》（Auctioneers Act 1845）。

### （三）德国

德国拍卖相关法律规范主要体现在《德国民法典》第156条、《贸易法规》第34b条以及《商业拍卖条例》，其中并未规定网络拍卖具体内容，不对拍卖企业设置许可，但对拍卖师发放许可证。相关的诉讼案例（2001年法兰克福高级法院6 U 64/00号案例、德国联邦法院2004年11月3日VIII ZR 375/03号判决等）显示，在网上拍卖不属于《德国民法典》第156条所涵摄的“拍卖”，也不是《贸易法规》第34b条含义内的拍卖。

### （四）日本

日本目前未出台网络拍卖的专门法律。值得注意的是，在《古物营业法》中存在着网络平台拍卖的有关规定，且认为商家网络平台拍卖时无须备案。该法第十条规定了旧货商的备案制度。

综上所述，经对比国外主要国家拍卖以及网络拍卖法律法规可得出以下几点结论。

一是拍卖活动属于普通的商事活动，由市场机制发挥作用，政府主动监管较少。几乎所有国家层面不对拍卖企业发放牌照，部分国家会对拍卖师设置执照，需按照一定程序获得。

二是各主要国家多数已出台拍卖法规（主要集中于民商事领域），但并未强制要求网络拍卖活动适用前期出台的拍卖法规，即部分国家认为网络拍卖是与传统拍卖有较大区别，新经济行为适用之前旧有法规确实存在问题。

三是网络拍卖活动的监督管理主要依靠行业自治和企业自律，政府并未出台特殊监管法案进行监管。基本上没有国家对网络拍卖单独立法会出台相关限制性规定（要求拍卖企业或拍卖平台取得拍卖牌照）。

## 第三节　网络拍卖的法律关系及其网络平台法律性质

随着网络拍卖的迅速发展以及模式的不断革新，网络拍卖背后的法律关系要比传统线下拍卖活动复杂得多。比如，市场上还存在拍卖机构在网络上组织拍卖的模式。有的拍卖机构是自行组织，有的则依托第三方平台组织，背后的法律关系显然也不同，需要具体情况具体分析。

从网络拍卖的发展史可以看出，网络拍卖已经发展出多种交易模式。尽管如此，对比网络拍卖与线下拍卖可见，网络拍卖并未脱离拍卖作为价格发现机制的核心属性：第一，因为依托互联网，网络拍卖不受时空限制，节约了拍卖活动组织的人力物力成本；第二，网络拍卖借助互联网信息传播快、用户基数大的优势，提高了市场匹配成功的效率，使得价格信号更加灵敏；第三，网络拍卖更加公开、透明，通过对拍卖企业、拍卖标的物信息的公示，可以有效阻止拍卖制度的天敌——串谋的出现。

尽管如此，网络拍卖因网络交易时空不一致性所带来的信息不对称问题仍然存在。特别是网络平台这一新型主体的介入，使得网络拍卖中各方当事人的法律关系变得更为复杂，引发了一些新问题和新情况，有待深入研究。鉴于拍卖活动的组织模式不同，背后的法律关系与相关主体特别是网络平台的法律地位不同，潜在的法律风险也不一样，因此研究之初有必要对网络拍卖模式展开类型化分析。

简单来看，依拍卖活动涉及主体性质的不同，目前出现的网络拍卖与线下拍卖一样，大体上可以分为强制拍卖与任意拍卖两类。前者是指具有公权属性的主体以公开竞价的形式对涉公标的进行处置的活动，可以是公权力机关指定拍卖机构入驻网络平台组织拍卖，也可以是公权力机关在网络平台的支持下自行组织拍卖；后者是指自然人、法人或者非法人组织在网络平台上以公开竞价的形式对自有或者受托对他人所有的物品或财产权利进行处置的活动。依网络平台在不同类型拍卖活动中的介入程度不同，网络任意拍卖又可以进一步细分为网络平台自营拍卖和网络平台非自营拍卖两类。

上述分类建立在拍卖被视作一种特殊的交易组织方式这一前提基础上。实际上，随着网络拍卖的迅速发展，拍卖作为一种市场价格发现方式的本质属性正在回归。因此，为了更好地界分网络拍卖的这两种属性，笔者将区分经济意义上的拍卖和《拍卖法》意义上的拍卖（见图10-1），并在此基础上对两种网络拍卖和网络竞价交易中各主体的法律关系以及网络平台的法律地位展开分析。

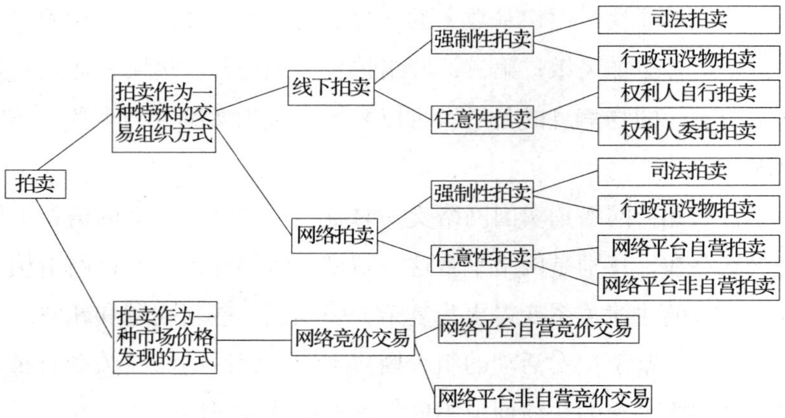


图 10-1　拍卖类型

## 一、网络强制性拍卖

网络强制性拍卖的典型代表是网络司法拍卖。在最高人民法院的大力推进下，如今网络司法拍卖已经在全国广泛推开。依照最高人民法院发布的《关于人民法院网络司法拍卖若干问题的规定》，网络司法拍卖的一般流程如图 10-2 所示。

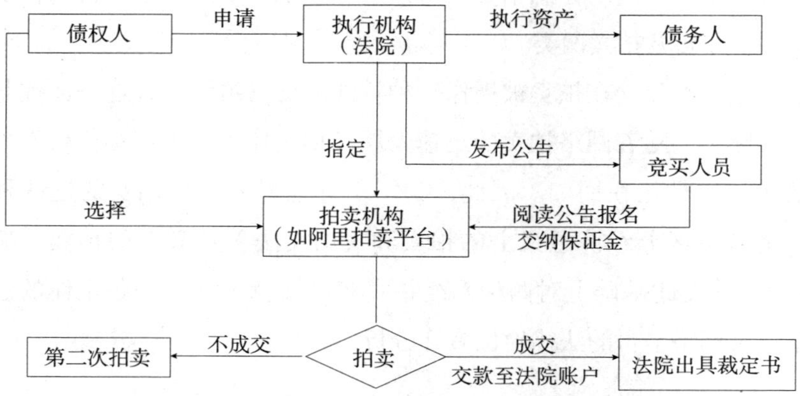


图 10-2　网络司法拍卖的一般流程

由图 10-2 可知，在网络司法拍卖业务模式下，法院无须进行普通商家或机构的入驻流程进入平台成为平台内经营者，而是通过系统对接直接发布拍卖信息，组织拍卖。具体操作上，各地法院通过本省内网执行办案系统录入案件，完成案件对应财产登记、查封、评估等节点后，在内网点击“提起网拍”进入到最高人民法院网拍子平台添加竞买公告、拍卖标的物后发布拍卖，最高人民法院网拍子平台将拍卖信息通过专线从内网系统下发至相关司法拍卖平台，相关拍卖平台自接收到下行数据包后同步至互联网展示，同时网拍平台将发布处理结果上行返回内网。发布拍卖后，法院修改标的信息同样通过其法院内网系统操作并进行管控。法院将拍卖标的物成功发布至网拍平台后，在标的物公告期间，买家随时可以在相关司法拍卖平台查看标的信息并报名参与拍卖；拍卖结束后，网拍平台将竞拍结果上行返回至内网，各级法院登录内网即可查看及下载拍卖结果材料。

由此可见，网络司法拍卖中主要涉及的当事人有四方面：法院、拍卖平台、竞买人与买受人。依照最高人民法院的规定，在这个关系中，法院处于主导地位，拍卖平台仅起辅助作用。法院的主导作用表现在：网络服务提供者名库及其要求是由最高人民法院确定的；拍卖过程中法院需要承担各项实质性影响拍卖活动进行的义务，包括但不限于制作、发布拍卖公告，确定保留价并决定优先购买权人竞买资格及其顺序，对一些特殊事项予以特别提示等，而网络服务提供者只是完成提供技术支持等辅助工作，并且不收取费用；一旦在拍卖程序中出现暂缓或者中止执行的情形，法院具有决定或者裁定权；最终拍卖成交后，财产所有权的转移以拍卖成交裁定为确定依据。由此可见，网络司法拍卖是人民法院行使自身权力的一种行为，网络平台只要保障安全运行、提供支付服务、展示拍卖信息、确保信息真实准确完整安全的网络服务提供者责任。

学理上，国外理论界曾经一度对司法拍卖的性质产生争议，主要学说有私法说、公法说和折中说三种。私法说认为强制拍卖仍是由买受人和出卖人即司法机关双方当事人意思表示一致而成立买卖合同，法院执行机构与买受人之间适用买卖合同相关规范调整，属于民事法律关系。

公法说认为拍卖是公法行为，强制拍卖是司法机关基于国家赋予的权力而对债务人的财产所进行的处分，是一种民事诉讼法律关系。折中说认为强制拍卖一方面是公法处分，另一方面又有私法买卖的性质和效果，因此强制拍卖同时具有民事诉讼法律关系和民事法律关系的特征。①

我国自《民事诉讼法》授予人民法院处置被查封、扣押财产的权力，最高人民法院据此出台《关于人民法院网络司法拍卖若干问题的规定》之后，网络拍卖被确立为法定财产处置方式，并确定了网络拍卖优先、传统拍卖例外的原则。该规定同时明确了人民法院与互联网平台的各自职责，从中可以看出各方主体之间的关系以及拍卖活动作为一种司法强制执行的本质属性，是法院司法执行活动的延续。②该强制执行权并非来自当事人的授权，无须征得当事人的同意，也不以当事人的意志为转移，而是基于法律赋予，即源于《民事诉讼法》及相关司法解释的规定。因此，应当承认的是，网络拍卖是司法执行程序的一部分，其本质上属于司法行为，并非《拍卖法》所规范的拍卖活动，具有公法性质。

据此类推，任何由公共机构依据法律规定作出的强制性拍卖行为，即便由互联网拍卖平台来提供网络信息服务，也应当认定为公法行为，具有公法性质，比如作为特定权力赋予或是行政强制执行一种方式存在的拍卖。相关法律法规通常会对这类网络拍卖作出非常明确的实体和程序要求。与司法强制执行相似，互联网拍卖平台在网络拍卖活动中扮演网络技术服务提供者的角色，主要负责提供交易系统以及相关信息展

① 参见陈桂明、侍东波：《民事执行法中拍卖制度之理论基石——强制拍卖性质之法律分析》，载《政法论坛》2002年第5期。

② 《关于人民法院网络司法拍卖若干问题的规定》明确，人民法院的职责：(一)制作、发布拍卖公告；(二)查明拍卖财产现状、权利负担等内容，并予以说明；(三)确定拍卖保留价、保证金的数额、税费负担等；(四)确定保证金、拍卖款项等支付方式；(五)通知当事人和优先购买权人；(六)制作拍卖成交裁定；(七)办理财产交付和出具财产权证照转移协助执行通知书；(八)开设网络司法拍卖专用账户；(九)其他。网络信息服务提供者的职责：(一)提供符合法律、行政法规和司法解释规定的网络司法拍卖平台，并保障安全正常运行；(二)提供安全便捷配套的电子支付对接系统；(三)全面、及时展示人民法院及其委托的社会机构或者组织提供的拍卖信息；(四)保证拍卖全程的信息数据真实、准确、完整和安全；(五)其他应当由网络服务提供者承担的工作。同时规定，网络服务提供者不得在拍卖程序中设置阻碍适格竞买人报名、参拍、竞价以及监视竞买人信息等后台操控功能；网络服务提供者提供的服务无正当理由不得中断。

示、支付等技术服务。

## 二、网络任意性拍卖

根据网络平台介入拍卖活动的程度，网络任意性拍卖可进一步分为网络平台自营拍卖与网络平台非自营拍卖。前者是指拍卖机构通过自建网站、App、小程序等方式开展网络拍卖活动，或者网络平台在自己的平台上以自身名义开展拍卖活动，较为典型的是佳士得拍卖；后者是指拍卖机构入驻网络平台开展拍卖活动，以京东拍卖和阿里拍卖为代表。

### （一）网络平台自营拍卖

拍卖机构通过自建网站组织开展网络拍卖活动时，竞拍者直接通过网络出价参与竞拍，或者通过线下到场参与拍卖；拍卖时，拍卖机构还会采取和传统拍卖一样的叫价（公开竞价）模式，只是会引入在线技术手段（比如直播）。因此，在这种模式下，网络拍卖是拍卖机构利用互联网信息通信技术开展拍卖经营活动，本质上与传统的拍卖活动并无区别，属于《拍卖法》调整的范围，各主体之间的法律关系也如传统拍卖一样，拍卖机构作为拍卖人实质性地承担了拍卖活动的组织，适用《拍卖法》等相关规定。网络发挥技术手段的作用，只需要依出卖人与网络平台之间产生的委托代理关系类型认定网络平台是为买卖合同的相对方还是作为出卖人的代理人以及拍卖服务的提供者和竞买人发生关系。当然，拍卖机构此时还与竞拍人之间成立网络信息服务关系，需遵守与网络信息服务相关的法律规定；如果涉及特殊的标的物，还需要遵守相关规定，在拍卖前依法办理审批、鉴定、许可等手续。

具体而言，网络平台自营拍卖中法律关系主体仅为网络平台、竞买人、买受人、出卖人四方，网络平台与拍卖人的身份重合，因此网络平台具有双重身份、混合法律地位[①]，既是提供网络平台服务的电子商务

① 参见王道发：《电子商务平台经营者安保责任研究》，载《中国法学》2019年第6期；赵旭东：《中华人民共和国电子商务法释义与原理》，中国法制出版社2018年版，第226页。

经营者，也是受出卖人委托的拍卖人。这种模式下的法律关系可见图10–3。

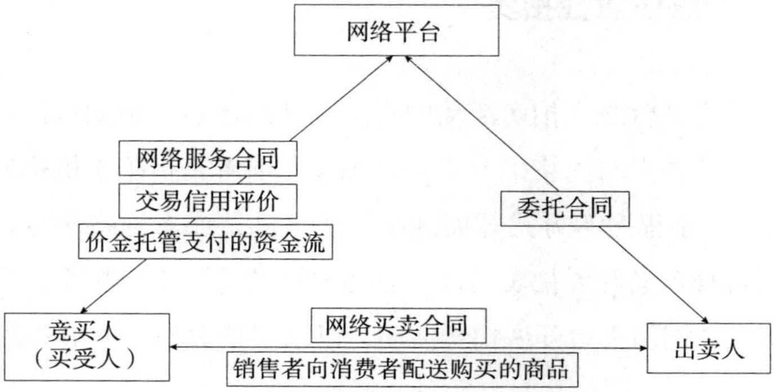


**图 10–3　网络平台自营拍卖模式法律关系**

由图 10–3 可见，在自营拍卖模式中，网络平台直接作为拍卖人参与到网络拍卖活动中，因此，其中的法律关系类似于线下拍卖活动中当事人之间的法律关系。根据《民法典》《拍卖法》等法律法规，出卖人与拍卖人（平台）之间成立委托代理的法律关系，拍卖人（平台）与竞买人之间则成立网络服务合同关系。委托人与买受人之间的法律关系以确定出卖人与拍卖人之间的代理类型为前提，可根据拍卖委托人的具体身份是否披露、是否为竞买人明知等因素，判断发生直接代理效果抑或间接代理效果；如此，拍卖委托人和拍卖人均有可能成为买卖合同中的出卖人。[①] 拍卖成交后，出卖人与买受人之间形成网络买卖合同关系。

综上所述，在网络平台自营拍卖模式下，网络平台本质上是通过网络渠道开展拍卖活动，应当适用《拍卖法》。此种模式中，网络平台不仅是拍卖人，还构成通过自建网站销售商品或者提供服务的电子商务经营者，或者是在自己平台内部提供拍卖服务的平台内经营者。因此，网络平台不仅应当具备《拍卖法》规定的资质条件，承担拍卖人的法定和约定义务，还应当承担《电子商务法》等相关法律规定的电子商务经营者的主体责任。

① 参见武腾：《拍卖中的合同关系和代理效果》，载《法学家》2015年第3期。

### （二）网络平台非自营拍卖

在网络平台任意性拍卖的组织过程中，网络平台更多扮演着提供网络信息服务以及电子商务服务的第三方平台角色。法律关系的形成依赖于网络平台组建的双边市场以及这个市场中各方当事人关系的认定。

在非自营拍卖模式下，大量拍卖机构入驻互联网平台开展网络拍卖活动，竞买人（通常为个人或企业用户等）通过注册成为平台用户参与网络拍卖活动。通常情况下，非自营模式下会出现平台经营者、拍卖机构与竞买人（包括买受人）三方主体，平台经营者会与双方用户分别达成网络服务合同关系，如果拍卖最终成交，双方用户还会达成买卖合同关系。在非自营模式中，网络平台以网络服务提供者的身份出现。由于这时出现了第四类法律主体，即入驻网络平台的拍卖机构，其中的法律关系变得相对复杂。

如图 10-4 所示，在非自营拍卖模式下，出卖人（委托人）、拍卖人、竞买人、买受人与网络平台五方当事人之间至少存在四个基本法律关系。一是网络平台作为网络服务提供者与入驻平台的拍卖人之间形成的网络交易平台服务合同关系，网络平台提供的服务包括提供网络拍卖交易场所、提供发布拍卖信息的信息流、交易信用评价等，但不以自己名义开展拍卖活动；二是网络平台与用户（竞买人）之间形成的网络服务合同关系，网络平台提供的服务包括保管拍卖保证金、价金托管支付、交易信用评价等服务；三是出卖人与拍卖人之间成立委托代理的法律关系；四是由出卖人或者拍卖人和买受人形成的网络买卖合同关系。后面两层法律关系与线下无异，只是拍卖活动发生在网络平台上。除此之外，基于支付、分拣包装、配送等需求，网络平台还会与第三方支付平台、物流服务商等其他经营者形成相应的服务合同关系。

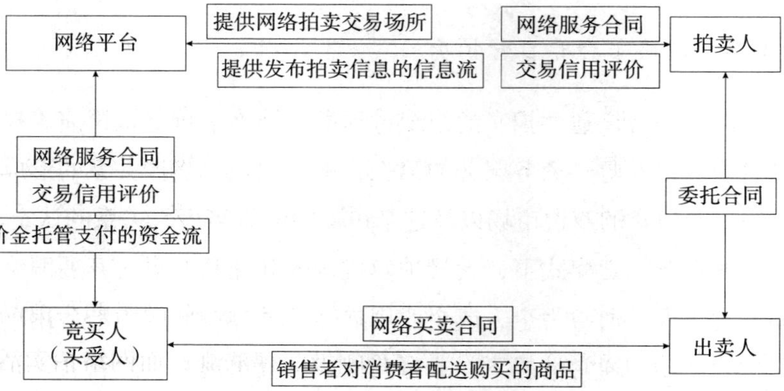


**图 10-4　网络平台非自营拍卖模式法律关系**[①]

基于以上的分析，非自营拍卖模式下网络平台被认定为拍卖人的可能性不高。在使用拍卖服务的过程中，竞买人可以感受到拍卖平台对于自营模式和非自营模式的区分，并在非自营模式下感受到区别于网络平台的第三方机构存在。用户点击进入商品详情页后，售后服务保障中明示“送拍机构的服务及承诺”，对送拍机构、拍卖行的相关权利义务进行了说明；在此之外，保障说明中还明示了拍卖会（平台）提供的基础服务，尤其是网络平台对送拍机构入驻拍卖会的保证金保障和售后服务保障。以上说明均体现了在网络平台之外存在第三方机构，尽管竞买人可能不知道具体的拍卖人和出卖人，但依然能认识到商家而非网络平台是拍卖品的拍卖人或者出卖人。

网络平台非自营拍卖更接近电子商务活动。但其与传统电子商务存在一些差异，主要体现在三个方面。一是开展业务的主体不同。传统电子商务的主体是实际销售商品或提供服务的经营者，经营主体可直接向用户销售商品或提供服务，双方直接形成买卖合同实现所有权转移。而在网络拍卖活动中，提供服务的主体是受托的拍卖机构，拍卖机构在平台内经过拍卖活动确定买受人后，由委托人与买受人形成买卖合同实现

① 参见杨立新:《网络交易法律关系构造》，载《中国社会科学》2016年第2期。此处根据网络拍卖的主体与特点，对该文中提出的网络交易法律关系构造进行了调整，为简化法律关系、便于分析，将同时具备竞买人身份的买受人归入竞买人范畴。

所有转移。二是开展业务适用的法律和平台规则不同。传统电子商务适用的主要是《电子商务法》《网络交易监督管理办法》等网络交易相关法规，而网络拍卖活动除前述网络交易法规外，还需适用《拍卖法》等拍卖相关法规。同时，拍卖机构在网络平台开展的网络拍卖活动也需要适用单独的平台规则（平台对于网络拍卖活动的特殊要求）。三是争议解决依据也有所不同。在传统电子商务活动中，用户在交易过程、售后过程中的争议解决主要适用《消费者权益保护法》《网络购买商品七日无理由退货暂行办法》等消费者保护领域法律法规；而网络拍卖活动交易过程中及交易结束后争议解决主要依据《拍卖法》以及拍卖公告中的合同约定。

尽管有上述差异，但从网络平台在非自营拍卖模式中所提供的具体服务来看，本质上仍然是为拍卖机构和用户提供信息匹配、电子支付等服务，其服务类型和内容并未超出信息服务的范围，且非自营拍卖模式中，网络平台并不直接进入拍卖机构与竞买人和买受人发生的拍卖关系中，而是作为电子商务平台经营者提供信息网络服务。因此，在网络拍卖非自营模式下，网络平台本质还是向拍卖机构和用户提供网络信息服务的主体，其性质属于《电子商务法》中的电子商务平台经营者，受电子商务相关法律规范调整，需要承担平台经营者的主体责任。

值得一提的是，近来在网络拍卖中出现了一些网络平台借助互联网的互联互通，入驻一些综合性平台的新模式，涌现出一种新的主体，作为“平台的平台”，提供聚合服务。作为一种新兴的网络平台非自营拍卖模式，与以往的非自营拍卖模式最大的不同在于，在这种模式下，拍卖活动的组织主要是由平台内的平台完成，“平台的平台”则主要提供引流和网络信息服务，未参与任何拍卖活动的组织。从这一点上看，其功能定位更接近于网络强制性拍卖中的网络平台，其法律地位也因此更接近网络信息服务提供商。

## 三、网络竞价交易

网络竞价交易模式大致可以总结如下：入驻平台的卖家将自有物品或者受托将他人所有的物品挂在网络平台上售卖，开始只设定一个起拍价和固定的竞拍截止时间，由至少两人以上的买家通过不断加价参与竞拍，在倒计时结束时最后一个出价最高者视为胜出，同时以该最高价进行交易，即出价最高者可通过支付最高价获得该商品的所有权。

可以看出，这种模式与传统的拍卖有相似之处，也有不同之处。二者的相似之处在于价格发现的过程是一样的，不同之处首先在于两个方面：一是入驻平台的卖家不一定拥有拍卖人资质，可能是自然人，也可能是法人或者非法人组织；二是网络竞价交易没有拍卖师主持，只有卖家、买家以及网络平台参与，网络平台提供竞价交易工具和技术服务，买卖双方在平台交易规则下以公开竞价的方式确定价格并达成交易。不过，也正是因为这两个方面的差异，导致网络竞价交易与传统拍卖的法律性质存在显著差异——网络竞价交易不应当被认定为拍卖活动。理由在于，尽管网络竞价交易也是通过竞价实现交易的组织，但是这里的竞价仅是一种价格确定方式，作为一种交易价格发现的手段而存在，不具有特殊性，不应当认定为拍卖企业从事的拍卖活动，不属于《拍卖法》调整的范围。事实上，其特殊性在于交易的组织是通过网络实现的，因此应当认定为电子商务活动，属于《电子商务法》的调整范围。

相应的，此时的网络平台属于《电子商务法》中的电子商务平台经营者，受电子商务相关法律规范调整，需要承担平台经营者的主体责任。只不过与网络任意性拍卖和电子商务活动相似，从事网络竞价交易组织的网络平台依其在电子商务活动中介入程度的差异，可以分为自营平台和非自营平台。在自营模式下，网络平台以自己名义通过公开竞价来确定交易对象和条件，本质上属于网络平台自营业务，网络平台不再是单纯的平台经营者，同时也成为其平台内的经营者，需要承担双重责任；而在非自营业务中，网络平台并不直接参与用户之间发生的交易关系，作为网络服务提供方，一般只需承担平台经营者的主体责任。

综上所述，目前市场上流行的网络拍卖模式，依网络拍卖活动性质的差异，可以分为网络拍卖和网络竞价交易两类；依网络拍卖发拍主体（委托人）的性质差异，可以区分为强制性拍卖和任意性拍卖。在网络竞价交易与任意性拍卖中，依网络平台介入交易或者拍卖程度的差异，又可以各自分为自营和非自营两种。在这些模式中，网络平台的法律地位非常不同（见图 10–5）。

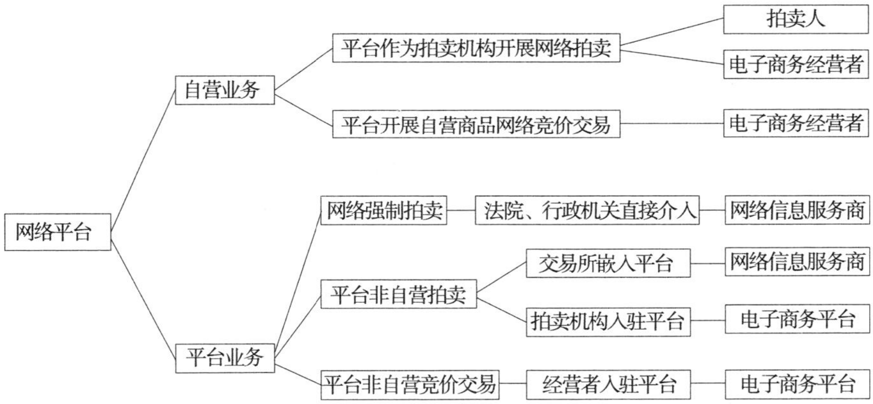


**图 10–5　不同网络拍卖模式中网络平台的法律地位**

从交易流程来看，网络竞价与一般网络交易确实存在诸多共同点。以网络平台非自营的竞价交易为例，在合同关系方面，不论是传统网络交易还是网络竞价，均存在着三方关系，即平台与商家签订技术服务合同、平台与用户签订用户服务合同、商家与用户签订买卖合同。在商家入驻与展示方面，二者均需要按照平台资质管理要求完成入驻，并展示营业执照和资质等主体信息。在商品发布方面，二者均需要按照平台规则进行发布，当然涉及特殊标的需要特别处理。在票据开具与货款结算方面，二者均由商家收款并开具票据，平台则负责担保交易。在物流配送方面，二者均采用商家指定物流的方式。在售后服务与争议解决方面，二者均由商家自行解决或依规则申请平台介入。在交易管理方面，二者均由平台依照平台规则进行管理处置。在交易规则方面，二者均由平台公示后执行。一般网络交易与网络平台非自营竞价交易对比见表10-1。

表 10-1　一般网络交易与网络平台非自营竞价交易对比

| 对比要素 | 一般网络交易 | 网络平台非自营竞价交易 |
|---|---|---|
| 合同关系 | 与商家签订技术服务合同，与用户签订用户服务合同。商家与用户签订买卖合同 | 与商家签订技术服务合同，与用户签订用户服务合同。商家与用户签订买卖合同 |
| 商家入驻 | 按照平台资质和招商要求 | 按照平台资质和招商要求 |
| 展示义务 | 展示营业执照和资质 | 展示营业执照和资质 |
| 商品类型及公示 | 按照平台规则发布，涉及特殊标的的按规定处理 | 按平台规则发布，涉及特殊标的的按规定处理 |
| 价格确定 | 一口价 | 公开竞价 |
| 开票 | 商家 | 商家 |
| 货款结算 | 商家收款，平台担保交易 | 商家收款，平台担保交易 |
| 物流配送 | 商家指定物流 | 商家指定物流 |
| 售后服务 | 商家自行解决或平台介入 | 商家自行解决或平台介入 |
| 交易管理 | 平台依照规则处置 | 平台依照规则处置 |
| 交易规则 | 平台公示后执行 | 平台公示后执行 |

网络竞价与一般网络交易存在一定差异。通过对比可以看出，二者的区别主要有两点。一是价格确定方式。一般网络交易多采用一口价即销售者直接定价的方式，而网络竞价多采取公开竞价方式确定交易价格。二是交易标的存在差异。一般网络交易的标的以标准品为主，而网络竞价的标的以非标准品为主，常常出现一些特殊标的，比如资产、艺术品等。尽管如此，通过全面对比可以看出，这些差异并不能改变网络竞价本质属于电子商务活动的根本属性，除非有明确依据可以判断其不属于《电子商务法》第二条规定的调整范围。具体来看，图 10-6 所示为网络平台非自营竞价模式下的法律关系架构。该模式下，一般存在四方主体，分别是出卖人（也可能是受托人）、竞买人、买受人与网络平台，其中至少存在三种基本法律关系。一是网络平台作为网络服务提供者与入驻平台的出卖人之间形成的网络平台服务合同关系，网络平台提

供的服务包括提供网络交易场所、提供发布商品或服务信息的信息流、交易信用评价等，但不以自己名义开展拍卖活动；二是网络平台与竞买人之间形成的网络服务合同关系，网络平台提供的服务包括保管拍卖保证金、价金托管支付、交易信用评价等；三是由出卖人和买受人形成的网络买卖合同关系。除此之外，基于支付、分拣包装、配送等需求，网络平台还会与第三方支付平台、物流服务商等其他经营者形成相应的服务合同关系。从形式上看，这些法律关系均与一般网络交易没有本质性差别。

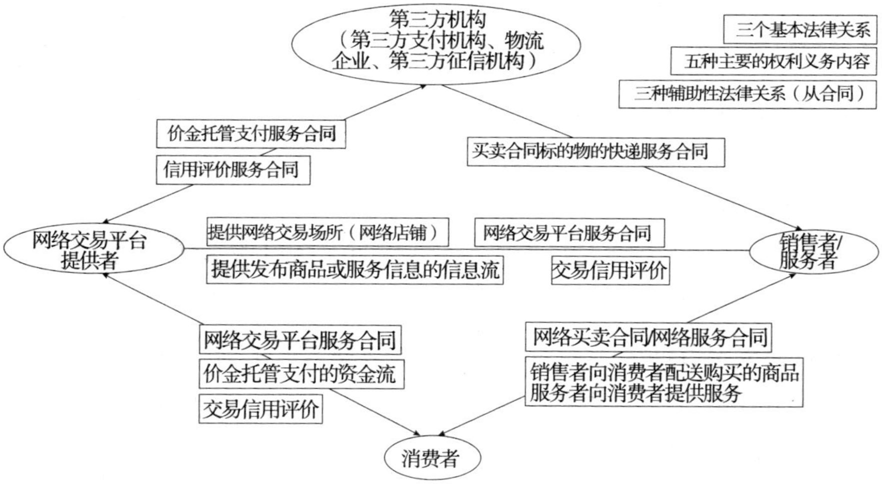


**图 10-6　网络平台非自营竞价模式下的法律关系架构**

综上所述，从网络平台在网络竞价模式中所提供的服务内容来看，本质上仍然是为出卖人和买受人提供交易撮合、信息匹配、电子支付等服务，其服务类型和内容并未超出电子商务服务的范围。因此，在网络竞价模式下，网络平台本质还是向出卖人和竞买人提供服务的主体，其性质属于《电子商务法》中的电子商务平台经营者，受《电子商务法》等网络交易法律法规规制，并非《拍卖法》意义上的拍卖企业，前述网络竞价交易活动属于电子商务交易，并非《拍卖法》意义上的拍卖活动，更不是网络拍卖活动。

## 第四节　网络拍卖平台的法律责任与法律义务

### 一、网络拍卖平台的民事责任

网络拍卖最终是为了达成买卖合同，但在交易过程中以及买卖合同成立后可能产生纠纷，因此需要明确各主体的法律责任。网络平台在各项业务中的法律地位使其与拍卖人、出卖人、竞买人等主体之间的法律关系紧密，法律关系的差异使得平台在各项业务中的法律地位并不相同，进一步导致法律责任的不同。由于在强制性拍卖和网络竞价交易中网络平台的法律地位比较清晰，因此关键在于确定网络任意性拍卖中网络平台的法律地位，为此又需要区分自营模式和非自营模式展开分析。

整体上，自营模式中，网络平台的合同义务既源于网络服务合同，也源于其与出卖人之间的委托代理关系，在特定情况下还会源于与买受人成立的买卖合同关系。非自营模式中，网络平台作为网络服务提供方，并不直接参与拍卖活动，所需承担的民事责任仅源于网络服务合同。不管是哪种模式，网络平台一旦被认定为平台经营者，那就应当承担《民法典》《电子商务法》规定的安全保障义务[①]；在侵害知识产权纠纷中，应按照“通知—删除规则”“红旗规则”等承担民事责任；违反资质审核义务时，可能承担帮助侵权责任[②]；还可能承担违法电子支付的民事责任、先行赔付责任、毁损电子交易资料的民事责任等[③]。由于网络平台作为拍卖人在自营模式下的法律责任比较清晰，这里重点讨论非自营模式下网络平台的民事责任。

---

① 参见王乐兵：《网络交易平台提供者对消费者的损害赔偿责任及其体系化证成》，载《法学杂志》2020年第10期；陆青：《电子商务平台经营者安全保障义务的规范构造》，载《浙江社会科学》2021年第11期。

② 参见武腾：《电子商务平台经营者的侵权责任》，载《法商研究》2022年第2期。

③ 参见杨立新：《电子商务民事责任之立法基础与基本规则》，载《甘肃社会科学》2019年第1期。

### （一）合同责任

网络拍卖合同受《民法典》和《拍卖法》规制，其效力须考虑是否符合《民法典》中关于一般买卖合同的要件以及《拍卖法》中的特殊规定。若存在合同无效、可撤销或者违约的情形，由于非自营模式中网络平台在线上拍卖过程中充当中介人的角色，不是买卖合同的当事人，根据合同相对性的原理，买卖合同的效力问题和违约责任应由合同当事人承担。同时，由于网络拍卖平台提供网络信息服务，在拍卖过程中居于媒介地位，可以类推适用中介合同的一部分规定。目前的司法实践也持这一立场。

具体而言，我国《民法典》第九百六十二条规定："中介人应当就有关订立合同的事项向委托人如实报告。中介人故意隐瞒与订立合同有关的重要事实或者提供虚假情况，损害委托人利益的，不得请求支付报酬并应当承担赔偿责任。"这一义务只限于如实告知，中介人不负积极的调查义务。但是在司法实践中存在告知义务扩张的情况。《最高人民法院公报》2015 年第 2 期中指出，"在房屋买卖居间活动中，中介公司对于受托事项及居间服务应承担符合专业主体要求的注意义务，注重审查核实与交易相关的主体身份、房产权属、委托代理、信用资信等证明材料的真实性。中介公司因未尽必要的注意义务而未能发现一方提供的相关材料存在重大瑕疵、缺陷，由此使另一方受欺诈遭受损失的，应根据其过错程度在相应的范围内承担赔偿责任"。这一裁判区分了商事中介人与普通中介人，对商事中介人课以更重的义务。同样，《电子商务法》第十七条规定了类似于中介人的如实告知义务，"电子商务经营者应当全面、真实、准确、及时地披露商品或者服务信息，保障消费者的知情权和选择权"。中介人负有信息披露义务，即向订约当事人如实报告缔约有关事项的义务。

因此，在违约责任的承担上，若网络平台故意不告知或者未尽必要的注意义务，违反中介人的如实告知义务，应当承担相应的违约责任。

若网络平台与当事人签订服务协议中有关于免责条款的约定，其效力判断应当看是否符合《民法典》第四百九十六条、第四百九十七条关于格式合同的相关规定，并不是当然无效的。此外，因为这种交易是在特定的虚拟网络环境中形成的，所以对网络平台来说，应当承担一定附随义务，如为确定合同当事人的身份、双方交易的事实提供相应的帮助。

### （二）侵权责任

由于拍卖活动发生在虚拟空间中，信息的重要性凸显。因此，相关法律要求网络平台承担对拍卖主体资格、拍卖标的内容的审核义务。那么，审查应当达到何种程度呢？

就拍卖机构主体资质的审查而言，《电子商务法》第二十七条规定，“电子商务平台经营者应当要求申请进入平台销售商品或者提供服务的经营者提交其身份、地址、联系方式、行政许可等真实信息，进行核验、登记，建立登记档案，并定期核验更新”。由于拍卖企业开展拍卖活动按规定需要事前取得拍卖许可，法律又明确要求对这些基础信息定期核验，平台也有能力对这些基础信息进行实质核查，因此网络平台对该部分信息应当采取实质审查的标准。

就拍卖标的而言，由于网络平台虽然能够监管信息的发布，但事实上并不可能对每一条信息进行调查与核实，因此不可能要求平台确保信息与真实情况完全一致。与此同时，网络平台收取的服务费不过是标的物价款的一部分，要其承担与卖方相同强度的注意义务和交易风险，并不适当。而且，课以实质性审查义务会加重网络平台的负担，不利于平台经济的发展。因此，对于标的内容的审查，要求网络平台基于平台监管措施以及用户反馈等渠道，尽到形式审查义务。

对于网络平台而言，若是未能履行相应审查义务，那就需要依据《电子商务法》第三十八条以及相关规定承担相应的责任。具体而言，网络平台对于平台内经营者明显的侵权行为应当尽到一般性的监控管理义务，在发现或者被通知发生侵权行为时采取必要措施，否则就要与平台内经营者担连带责任。涉及生命健康时，网络平台应当承担更多的注意义务，不仅需要对平台内经营者的资质资格进行实质审查，而且要尽最大努力保护消费者的生命健康，否则就需要依具体情况承担相应的责任。

## 二、网络拍卖平台的行政义务

由于网络平台具有的公共属性，行政意义上的义务和责任要求显然更为重要。除了极少数通过自建网站提供服务的经营者之外，大部分网络平台都通过互联网为用户提供网络经营场所、交易撮合和信息发布等媒介服务，属于电子商务平台经营者的范畴，应当履行《电子商务法》《网络交易监督管理办法》等规范中有关平台经营者的相关义务。非自营拍卖模式中，网络平台作为网络服务提供者，应承担表10–2所列的法律义务。自营拍卖模式中，网络平台除了需要承担非自营拍卖模式中作为平台经营者或者是自建网站的电子商务经营者需要承担的法律义务外，还需额外承担表10–3所列作为拍卖人需承担的法律义务。

**表10–2　网络拍卖平台经营者的法律义务**

| 法律义务 | 规范依据 |
| --- | --- |
| 登记核验义务 | 《电子商务法》第二十七条、第八十条，《网络交易监督管理办法》第二十四条 |
| 信息报送义务 | 《电子商务法》第二十八条、第八十条，《网络交易监督管理办法》第二十五条 |
| 违法经营的处置与报告义务 | 《电子商务法》第二十九条、第八十条，《网络交易监督管理办法》第二十九条 |
| 商品和服务信息、交易信息保存义务 | 《电子商务法》第三十一条、第八十条，《网络交易监督管理办法》第三十一条 |
| 平台服务协议和交易信息及其修改的公示义务 | 《电子商务法》第三十三条、第三十四条、第八十一条，《网络交易监督管理办法》第二十六条至第二十八条 |
| 自营业务区分义务 | 《电子商务法》第三十七条、第八十一条 |
| 评价权等合法权益保障义务 | 《电子商务法》第三十九条、第八十一条 |
| 平台内经营者合法权益保障义务 | 《电子商务法》第三十五条、第八十二条，《网络交易监督管理办法》第三十二条 |
| 消费者合法权益保障义务、资质资格审核义务、安全保障义务 | 《电子商务法》第三十八条、第八十三条，《消费者权益保护法》第五十六条 |

续表

| 法律义务 | 规范依据 |
|---|---|
| 通知—删除义务 | 《电子商务法》第四十二条、第四十五条、第八十四条 |
| 网络安全保障义务 | 《电子商务法》第三十条、第七十九条，《网络安全法》 |
| 数据安全保障义务 | 《数据安全法》 |
| 个人信息保护义务 | 《电子商务法》第二十三条、第七十九条，《个人信息保护法》 |

**表 10-3　拍卖人的法律义务**

| 法律义务 | 规范依据 |
|---|---|
| 取得拍卖许可 | 《拍卖法》第十一条、第六十条，《拍卖监督管理办法》第四条、第十一条，《拍卖管理办法》第二章 |
| 瑕疵说明义务 | 《拍卖法》第十八条、第二十七条、第六十一条 |
| 拍卖物品保管义务 | 《拍卖法》第十九条 |
| 不得转委托 | 《拍卖法》第二十条 |
| 信息保密义务 | 《拍卖法》第二十一条 |
| 不得参与竞买 | 《拍卖法》第二十二条、第六十二条，《拍卖监督管理办法》第五条、第六条、第十二条、第十四条 |
| 不得拍卖自己的物品 | 《拍卖法》第二十三条、第六十三条，《拍卖监督管理办法》第五条、第十二条 |
| 价款支付义务 | 《拍卖法》第二十四条 |
| 标的移交义务 | 《拍卖法》第二十四条 |
| 信息提供义务 | 《拍卖法》第四十五条至第四十八条 |
| 瑕疵担保责任 | 《拍卖法》第六十一条 |
| 禁止不正当竞争 | 《反不正当竞争法》，《拍卖监督管理办法》第五条、第十二条 |
| 诚实信用义务 | 《拍卖监督管理办法》第八条、第十四条 |
| 不得拍卖禁止买卖物品 | 《拍卖监督管理办法》第九条 |
| 配合监督检查义务 | 《拍卖监督管理办法》第十条 |

# 第十一章　二手物品网络交易平台法律责任界定

## 本章要点

1. 法律定位

在实然层面，我国现有法律规范与司法实践并未对二手物品、旧物等规范术语的内涵和性质进行明确界分，对于二手物品网络交易平台的法律性质也缺乏统一、清晰的认知。

在应然层面，界定二手物品网络交易平台法律地位的关键在于区分不同的交易主体、二手物品性质以及交易属性等。依据二手物品转让方是否属于经营者，可将二手物品网络交易属性区分为二手物品非经营性转让以及二手物品经营性交易。在二手物品非经营性转让过程中，网络平台须依照相关规定承担网络信息服务提供者的义务和责任。在二手物品经营性交易中，网络平台的性质是网络交易平台，具体界定时还应区分自营模式与非自营模式：自营模式下，网络平台需要依法承担出让人的责任，同时还要承担作为电子商务经营者应当承担的责任；非自营模式下，网络平台可能承担类似中介人的合同责任，同时还可能依据《电子商务法》等承担平台经营者的行政责任。

2. 责任体系

二手物品网络交易的法律责任需要依据不同业务模式下的平台定位进行区分。

在民事义务方面，二手物品经营性交易中，自营模式下，网络平台需履行其与相关主体签订的网络服务合同、买卖合同等合同中约定的义务；非自营模式中，网络平台作为网络服务提供方，并不直接参与二手物品网络交易活动，所需承担的民事责任仅来源于网络服务合同。但在二手物品网络经营性交易中，网络平台一旦被认定为网络交易平台经营者，那就应当承担《民法典》《电子商务法》规定的安全保障义务。

在行政义务方面，二手物品非经营性转让活动中，平台作为网络服务提供者需遵守《网络安全法》中对于信息服务提供者的规定；在二手物品经营性交易活动中，网络拍卖平台作为电子商务经营者应当履行《电子商务法》《网络交易监督管理办法》等规范中平台经营者的相关义务。

## 第一节　二手物品交易市场的历史演进与网络交易业务模式

### 一、二手物品交易市场的历史演进

#### （一）线下二手物品交易市场发展

国外的二手物品交易市场最初被称为跳蚤市场，起源于 19 世纪末的法国。当时，巴黎的某些市场因出售旧衣物和家具而闻名，这些物品常常带有跳蚤，故得此名。此名称及其背后的文化随后在整个欧洲乃至全球流传开来，促进了各种形式的二手物品交易场所的形成与发展。随着社会的发展和城市化进程的加快，二手物品交易市场不再限于临时的户外集会，国外的二手物品交易市场类型主要分为旧货连锁商店、救济型旧货商店、个体旧货商店和跳蚤市场四种业态，不同业态的旧货市场存在不同的经营模式和运作机制，各有各的特点。（1）旧货连锁商店是一种具有规模效益的现代形式的经营方式，如 CASH 旧货连锁商店，属于国际性的连锁旧货商店，按照完整规范的制度管理分店，激励各分店的自主经营。（2）救济型旧货商店主要由一些社会慈善机构和服务机构组织主办，货品来源主要是靠社会各方的公益捐献，销售所得用于公益事业，如瑞士和丹麦的慈善机构开设的众多连锁店。（3）个体旧货商店通常由个体或家庭经营，商品来源多样化，包括无偿获取和有偿收购。（4）跳蚤市场作为最普遍的旧货交易形式，通常会在某一个固定场所定期举办。跳蚤市场既有摊主售卖自己的闲置物品，也有摊主以此为生，拥有稳定的供货渠道，追求盈利。

与国外相比，我国二手物品交易市场发展较为缓慢。我国二手物品的概念源自英文“second-hand goods”，在我国传统语境中，二手物品习惯统称为旧货。从历史上看，我国的旧货交易可追溯至古代的市集和庙会，这些传统交易场所不仅可以进行一手商品买卖，也是二手物品交易流通的场所。在我国宋元时期，旧货与典当行业进入市井，到明清时期发展渐成规模。城中的集市多设专门用来交易旧货的区域，叫“破烂市”“旧货市”，有的被称为“鬼市”。在20世纪50—70年代，受特定历史背景影响，旧货市场曾被取缔，只保留了国营旧货公司。

改革开放以后，国家采取市场调节机制，这为旧货市场的复苏提供了契机。个体商户与旧货商贩重新活跃，政府亦有意推动旧货行业的复兴，并发展国内旧货行业。旧货集市和旧货市场在全国如雨后春笋般不断发展壮大，全国旧货业协会成立，该行业步入规范化、组织化的新阶段。旧货交易演化出多样的线下交易场景，既有依托固定场所的旧货商店、专业回收点、旧书市场、奢侈品二手店、二手车交易市场等，也有在时间和空间上自由度较高的跳蚤市场、校园二手市场、临时的二手物品交易集市等。

随着旧货市场规模的逐步扩大，国家出台了部门规章规范旧货交易流通行为。1998年3月，为加强对旧货流通的管理，维护旧货流通秩序，规范旧货交易行为，原贸易部、公安部出台《旧货流通管理办法（试行）》。为了规范二手车的流通秩序并指导二手车经营主体的合法经营行为，2005年，商务部等四部门颁布实施《二手车流通管理办法》，随后在2017年进行修订，以适应市场的新变化与需求。此外，《二手车交易规范》作为补充细则，自2006年起开始执行，其目的在于进一步细化交易流程，提升透明度，确保公平交易，共同推动和维护二手车市场的健康、持续发展。2013年3月，商务部为加强对旧电器电子产品流通的管理，促进资源综合利用，出台《旧电器电子产品流通管理办法》。

近年来，随着循环经济和共享经济理念的兴起，国家层面越发重视二手物品市场的培育与发展。2021 年 7 月，国家和发展改革委员会印发《“十四五”循环经济发展规划》，提出规范发展二手物品市场，包括完善二手物品流通法规，建立完善车辆、家电等二手物品交易和流通体系。2022 年 1 月，国家和发展改革委员会等七部门联合印发《关于加快废旧物资循环利用体系建设的指导意见》，旨在拓宽闲置资源共享利用和二手物品交易渠道。2024 年 3 月，国务院印发《推动大规模设备更新和消费品以旧换新行动方案》，明确提出开展回收循环利用行动，支持二手物品流通交易。同年 4 月，市场监督管理总局等七部门印发《以标准提升牵引设备更新和消费品以旧换新行动方案》，健全二手物品交易标准，推动产业循环畅通。这一系列政策动向，彰显了政府对二手物品市场规范化、标准化发展的决心，以及通过二手经济推动绿色消费、扩大内需的战略意图。在政策的支持和数字化转型的推动下，以“互联网 + 二手物品交易”为主要特征的二手电商模式迅速发展。

### （二）二手物品网络交易发展简介

互联网技术的发展使得二手物品能够在网络进行交易流通，交易的二手物品品类更丰富、交易模式更多样、交易区域更宽广，不再局限于地域、商品等因素，二手物品在线交易平台依托大数据、人工智能等先进技术，为二手物品交易提供了更为便捷、高效的渠道。二手物品网络交易的范畴广泛，包含二手买卖、二手置换、二手拍卖、二手回收、二手租赁、二手捐赠等交易；二手交易的物品品类不仅涵盖了 3C 电子产品、家具用品、鞋服、时尚单品、奢侈品等日常消费品，也延伸到了二手车等大宗商品的交易领域。

最早的在线二手交易服务出现于 1995 年，易趣网作为在线拍卖和购物网站，其二手物品交易服务在平台成立之初便出现，卖家只要简单注册，就可以把要卖物品的信息挂在网站上，包括物品图片、描述等供人浏览。卖家设定最低接受价格，即起拍价，该物品信息在网上公布后，开始竞拍环节，通常竞拍周期设定为一个星期左右，有意购买者通过网络出价，最后竞拍结束价高者得。随着电子商务的发展及国外经验的影响，我国的二手物品网络交易逐渐起步，发展迅速，从时间发展维度上看，二手物品网络交易的进程经历了萌芽期、成长期与创新期三个阶段。

1. 萌芽期

萌芽期的二手物品网络交易主要以论坛、BBS 的形式存在，用户可以在网站上发布二手物品信息，但功能相对单一，缺乏完善的交易保障机制。1999 年，易趣网成立，它是国内首家 C2C 电商平台，卖家可以将自己的二手物品如随身听、CD 机等信息挂在易趣网，以一元或几十元的起价进行拍卖，感兴趣的买家就可以参与竞拍，在交易截止时刻，出价最高的买家可以获得购买资格。2001 年起，易趣网收取上架费和佣金。2002 年，国内二手物品网络交易进入探索阶段，中国首个专注于二手书交易的网站——孔夫子旧书网成立，卖方将商品信息放到平台上等待买方挑选，买卖双方通过平台沟通后直接交易。2006 年，孔夫子旧书网开始对其中的书店区收取开书店费用及交易费。2009 年，孔夫子旧书网开始提供担保交易服务。2005 年，赶集网、58 同城等综合类交易平台崛起，这些平台提供二手交易的分类信息服务，允许用户在特定类别下发布和搜索二手物品信息。

2. 成长期

在成长期，综合类二手物品网络交易平台和垂直类二手物品网络交易平台迅速发展成长。在综合类二手物品网络交易平台领域，2014 年淘宝二手物品交易平台改名“闲鱼”正式上线，围绕“交易”和“社区”双轴发展，成为二手物品网络交易综合平台。2015 年，58 同城二手物品交易平台升级为“转转”正式上线，凭借 58 同城的庞大用户基础和丰富的分类信息服务经验，迅速在二手手机、书籍、家电等领域建立起市场地位。垂直类二手物品网络交易平台亦呈现蓬勃发展的态势，主要集中在二手车、二手 3C 数码产品等高价值商品领域。2014 年，“人人车”网站正式上线，该平台采用 C2C 虚拟寄售模式，专注于二手车交易，为用户提供了便捷、高效的二手车买卖环境。2015年，专注于奢侈品二手交易的平台“红布林”和“只二”成立，通过专业的鉴定服务和优质的售后保障，满足了消费者对高端商品二手交易的需求。同年，主打二手数码产品的“找靓机”成立，为消费者提供手机、电脑等数码产品的回收、置换和交易服务。2017年，以创新循环阅读模式著称的“多抓鱼”成立，平台从用户手中收书，再统一处理、定价、销售，在交易中，以重服务、提供清洁干净的二手图书赢得用户欢迎。

在成长期中二手物品电商的问题也逐渐暴露。由于交易前信息不对称的问题，很多用户难以评估产品质量好坏；在交易中，部分平台难以建立可信赖的交易场景，缺乏卖方相关的认证系统；交易后，平台售后保障机制的缺失可能会导致许多商家与用户之间的纠纷。2018年，二手物品网络交易行业面临严峻挑战，虚假伪劣、信息不对称等经营痛点凸显，资本市场投融资初遇瓶颈。此后，二手物品网络交易进入了合并浪潮，二手物品网络交易开始集中于品牌升级和战略布局，进入了创新期。

3. 创新期

2020年左右，二手物品网络交易平台创新商业模式，企业在加速拓展业务边界，力图构建闭环，以加强自身的竞争壁垒，二手物品网络交易市场开始回暖。在此阶段，综合类二手物品网络交易也不断进行精细化、精准化运营，垂直类二手物品网络交易深耕细分领域，提供专业化、定制化服务。

2019年，京东旗下的“拍拍”与“爱回收”进行战略合并，开始探索发展C2B2C模式，通过平台的介入，提供回收、鉴定、物流及售后服务，有效解决了二手物品交易中的信息不对称问题。从2019年开始，“得物”开始进入品牌升级期，推出了全新的品牌标识和品牌口号——“闲置有价，得物有用”，这一举措标志着“得物”从二手物品交易平台正式升级为有品牌力的电商平台，开始发展潮流全品类，由单一的球鞋电商向潮流网购社区升级。2020年，“转转”与“找靓机”合并，在此阶段，逐步确立了C2B2C和C2C两种运营模式并行的行业新生态。2021年，二手物品电商融资回暖，万物新生集团（旗下拥有“爱回收”“拍机堂”“拍拍严选”三大平台）在美国纽约证券交易所上市。与此同时，“闲鱼”也在不断优化其服务，推出了“无忧购”“会玩社区”“新线下”三大业务板块，聚焦奢侈品和潮鞋等高端品类，同时搭建平台社区信任度，2023年开始针对“高频且高额交易”的卖家收取软件服务费。

抖音、快手等短视频平台也在自身原有业务基础上拓宽至二手物品电商领域，“二手物品交易＋直播”成为二手物品网络交易的新模式。抖音在2020年下半年开始布局二手物品的直播，邀请“红布林”“胖虎”“妃鱼”等专业二手物品平台入驻抖音直播，推出“抖音二手好物节”。抖音还曾推出“二手好物”频道，在该频道可以实现“回收寄卖”功能，回收寄卖品类包括箱包、腕表、服装配饰和珠宝首饰，用户也可以把二手物品邮寄给平台进行估价后，平台直接回收，也可以是服务商寄卖变现，但该频道及功能目前已无法在抖音商城中搜索到。

## 二、二手物品网络交易业务模式

根据二手物品网络交易历史演进发展的情形，可大致总结出现有二手物品网络交易的业务模式。

### （一）C2C 模式

C2C 卖方模式是通过互联网平台发布相关二手物品图片以及其他描述信息后，买方通过与其沟通达成交易意向，实现钱货交易的模式。在该模式下，还存在特殊情形，即互联网平台存在鉴定、寄卖等第三方服务商，为个人二手物品真假以及质量鉴定提供服务以及为个人提供寄卖服务；尽管存在第三方服务商提供服务，并不改变前述 C2C 模式的框架和逻辑。该模式的突出特点有以下四方面：一是网络交易双方均为个人用户，不是经营者；二是互联网平台在该类二手物品网络交易中是网络信息服务提供者，主要负责信息的审核和确保二手物品信息合规；三是一般情形下，互联网平台未向二手物品交易双方收取费用；四是综合性网络平台中的二手物品交易板块属性与该综合网络平台中的其他板块属性不一致，其属性仍是网络信息服务提供者。

（二）B2C 模式

B2C 模式是经营者通过互联网平台发布相关二手物品图片以及其他描述信息后，其他个人通过互联网平台与其沟通达成交易意向，实现钱货交易的交易模式。此时，经营者可能是两类情形：一是二手物品专业机构经营者，如旧货专业收购者，其专门从事旧货收购、仓储以及向用户销售；二是经营者将普通正常商品描述为二手物品进行销售，如处置存货、老款等，经营者通过二手物品交易平台实现对新品的销售。该模式的突出特点有以下四方面：一是网络交易双方一方是专业经营者，一方为个人用户。二是该类互联网平台在二手物品网络交易中的地位要根据该平台所提供的相关服务来确定：如果其提供网络交易空间、订单生成以及支付等电商平台服务，那么其性质属于二手电商平台；如果其仅提供信息展示，其性质属于网络信息服务提供者，主要负责信息的审核和确保信息合规。三是一般情形下，互联网平台会向二手物品经营者收取技术服务费用。四是综合性网络平台中的二手物品交易板块所涉及 B2C 模式属性与该综合网络平台中的其他板块属性不一致，其属性根据其承担角色界定。

（三）C2B2C 模式

C2B2C 模式是经营者通过互联网平台收集个人用户二手物品转让信息，首先实现二手物品的购买，之后再通过发布相关二手物品图片以及其他描述信息后，买方通过互联网平台与其沟通达成交易意向，实现钱货交易的模式。该模式可能分为平台自营模式和平台非自营模式两类情形。平台自营模式即平台经营者通过互联网向个人用户购买二手物品并发布二手物品信息，实现平台经营者与二手物品经营者身份的结合。自营模式的突出特点有以下三方面：一是网络交易一方是专业经营者与平台经营者的结合体，另一方为个人用户；二是互联网平台属于自营二手物品电商，其实际承担二手物品销售者责任；三是综合性网络平台中的二手物品交易板块可能涉及自营模式和非自营模式，要根据其业务模式、属性界定其相关责任。平台非自营模式即平台经营者仅提供互联网信息服务，不参与二手物品的采购和转让，其他经营者通过入驻网络平台向个人用户购买二手物品并发布二手物品信息。非自营模式的突出特点有以下两方面：一是网络交易一方是专业经营者，另一方为个人用户，同时涉及第三方平台经营者；二是互联网平台属于第三方电商平台经营者，其实际承担第三方网络交易平台责任。

## 第二节　二手物品网络交易活动适用法律规范分析

本节根据我国现有关于二手物品的法律法规以及标准，对于二手物品网络交易相关法规适用问题进行分析。

### 一、标的属性维度的法律适用

根据《民法典》第一百一十四条、第一百一十五条的规定，民事主体对动产和不动产依法享受物权，其中物权是指“权利人依法对特定的物享有直接支配和排他的权利”。前述相关规定表明，民事主体（包含自然人、法人和非法人组织）依法享有对其财产（动产和不动产）直接支配（交易、转让或赠与等）的权利。另外，物权客体“物”或者“物品”包括动产和不动产，在具体类型上可区分为农产品、工业产品（含直接销售给用户的商品、作为生产其他生产的原材料）、二手物品（经过一道销售环节之后再次进入流通环节）等。

一般意义上来讲，二手物品的概念可表述为“二手物品是已经过至少一次流通或流转过程并实际更换民事主体物权后仍具有使用价值的物品”，其中既包含生产厂家已销售给消费者的具体产品（或商品），也包含个人依法获得（自己加工或赠与等方式）后闲置的相关物品。通常情形下，现有市场交易对交易标的的规制是基于产品或商品的。例如，《消费者权益保护法》第二条、第三条的规定，对于消费者合法权益的保护以及经营者法定责任的设置均围绕“生产者生产、销售的商品或者提供服务”，故《消费者权益保护法》的核心标的是商品，但其并未对商品含义予以充分说明。在现有法规框架下，商品有以下特点。

一是商品是市场经济下的概念，商品涉及的主要主体有生产者、经营者（销售者）和消费者（使用者）等。商品一般会经历多个流转环节（出厂、一级经销或其他经销、零售等）实现从生产者到消费者手中。从这个意义上来说，商品在实现物权转移至消费者（用户）之后，无论是否被使用，只要具有使用价值，即交易价值，就成为二手物品，至于该二手物品交易完成之后的性质属于物品还是商品，需要根据交易性质和标的等多维度予以认定。

二是商品的经营行为受现有市场交易法规明确规制，而二手商品的交易行为并无明确法规予以规定。关于商品生产、经营以及消费行为受《民法典》《消费者权益保护法》《产品质量法》《广告法》《价格法》《反不正当竞争法》《电子商务法》等法律法规规制。而在商品经过消费者（或用户）使用之后再次进入流通过程，仅有《民法典》关于合同的相关规定可直接适用，其他相关市场交易领域法规并无法直接适用。

三是商品的经营属性是基于营利目的的经常性行为，而二手商品的交易属性是仅基于减少损失目的的偶尔闲置处置行为。无论商品生产者，还是商品经营者，其实现营利的前提是商品完成交易（所有权发生转移以及经营风险的转移），同时为保持交易模式的复制和商业可持续性，其经营性行为往往经常发生或多次发生。而二手商品的交易属性可能存在较大差异。二手商品交易是个人（消费者或用户）依法获得商品所有权后，未使用或在使用后将仍具有使用价值的商品进行处置。个人可能直接与其他民事主体交易，其他民事主体在交易完成后使用该二手物品；个人也可能与特定的民事主体（如以营利为目的的旧货经营者）交易，特定民事主体在交易完成后仍会再次进行商品流程过程，个人的二手商品再次进入二手物品经营领域。

四是商品在广义上包含有形商品和无形商品（服务），但对于其物权的含义存在较大差异。有形商品交易的完成是物的所有权转移。而提供服务一般会在服务期限内完成服务，无形商品不存在实际占有的转移。对于有形商品，二手商品的交易或转让是物权的转让，而二手服务的所谓转让、交易是关于接受服务的权利凭证（或合同权利）的转让，与二手商品的交易具有本质上的差异。

另外，《产品质量法》等相关法规提出了“产品”概念。《产品质量法》第二条规定，“本法所称产品是指经过加工、制作，用于销售的产品”。《产品质量法》对产品生产者和销售者设定了对应的法定义务和法定责任。《农产品质量安全法》提出农产品的概念，即“本法所称农产品，是指来源于种植业、林业、畜牧业和渔业等的初级产品，即在农业活动中获得的植物、动物、微生物及其产品”。同时，《农产品质量安全法》对农产品生产、流通过程中各相关主体设定了法律义务和法律责任。

综上所述，依照概念外延从大到小的排序为物品 > 商品 > 产品 > 农产品。二手物品包含二手商品和二手非商品，同一二手物品因涉及主体不同、交易模式不同等，其交易属性可能发生变化，标的属性可由二手物品转化为二手商品。当标的属性为二手物品时，适用《民法典》等现有民事法律；当标的属性为二手商品时，参照适用《消费者权益保护法》《产品质量法》《广告法》《电子商务法》等现行市场交易法律法规。

## 二、主体属性维度的法律适用

在交易标的为一手商品或产品时，商品生产、销售以及使用过程通常会涉及的主体主要为原材料供应商、商品生产者、商品销售者（含网络销售者）、商品运输商、售后服务商、消费者等。

在交易标的为二手物品时，物品流通过程中所涉及的相关主体可能为二手物品所有方、二手物品出让方（发布出让信息主体）、二手物品专业（含机构）经营者（旧货商店、旧货市场经营者等）、二手鉴定机构、二手物品交易对象（个人、法人或非法人组织）、二手物品对应的原物品生产者以及经营者等多个主体。

当交易标的属性为二手商品时，若转让主体为二手商品非经营者，即自然人、法人或非法人组织将其采购或以其他合法方式获得的商品再次投入商品流通过程中，从二手商品所有方的角度，无论交易对手是个体非经营者或者二手商品经营者，其此次交易行为均为二手商品闲置处置行为，并非经营性交易行为，所开展的二手商品交易行为适用《民法典》等相关规定，并不适用《消费者权益保护法》《产品质量法》《广告法》《电子商务法》等现行市场交易法律法规。但从二手商品受让方的角度来看，若二手商品受让主体为二手商品经营者，二手商品再次进入商品流通过程，并完成该二手商品交易时，其交易参照适用《消费者权益保护法》《产品质量法》《广告法》《电子商务法》等现行市场交易法律法规。但前述二手商品受让主体（二手商品经营者）自身所采购或依法获得的其他非二手商品再次进入物品流通过程的交易行为等同于此前二手商品所有方为个体非经营者时的分析，适用《民法典》等相关规定。在二手商品交易及其后续使用过程中，可能涉及商品领域本身的消费者权益保护（如产品三包、无理由退货）、产品质量责任承担等问题，将涉及原有商品的生产者、销售者等主体，参照适用《消费者权益保护法》《产品质量法》等相关规定。

在二手商品网络交易情形下，当交易标的属性为二手商品时，其转让主体即二手商品所有方可能存在两种情形：一是二手商品转让方的交易行为属于网络销售行为，主体构成为销售者，主体属性为电子商务平台内经营者，网络销售行为参照适用《电子商务法》《网络交易监督管理办法》等；二是二手商品转让方的交易行为不属于网络销售行为，而是闲置物品网络交易行为，主体性质属于进入电子商务平台实现闲置商品处置的非经营用户，网络交易行为适用《民法典》等相关规定。

## 三、行为属性维度法律适用

我国现行的电子商务（网络交易）、商事主体登记、反垄断与反不正当竞争以及消费者保护等市场监管法律和制度的建设，都是以主体具备经营者或者商事主体资格为基本前提和基础的。反之，对于一般不具备经营者或者商事主体资格的主体，法律规范依据一般归属于民事私法范畴，从而不受市场监管领域有关主体资质、产品质量、消费者保护以及竞争合规等方面规范的治理。但实际上在满足主体条件的基础上，还需要结合其交易行为的属性来判断主体交易行为的属性。

从一般意义上来讲，交易可区分为经营性交易行为和非经营性交易行为，经营性交易行为主要是指以营利为目的且经营范围相对固定的持续性营业行为，而非经营性交易行为是指主体将自己多余或闲置的物品进行交易或偶尔进行的交易活动。前者是营利性的商事行为，在我国法规框架下需要依法进行商事主体登记；后者只是非营利性的普通民事行为，一般无须进行市场主体登记。《无证无照经营查处办法》第三条规定："下列经营活动，不属于无证无照经营：（一）在县级以上地方人民政府指定的场所和时间，销售农副产品、日常生活用品，或者个人利用自己的技能从事依法无须取得许可的便民劳务活动；（二）依照法律、行政法规、国务院决定的规定，从事无须取得许可或者办理注册登记的经营活动。"换言之，该条所述主体的交易活动本质上属于市场交易活动，但不属于商事行为的营业活动，其无须办理商事主体的市场主体登记。以网络交易为例，根据《电子商务法》第十条"个人销售自产农副产品、家庭手工业产品，个人利用自己的技能从事依法无须取得许可的便民劳务活动和零星小额交易活动，以及依照法律、行政法规不需要进行登记的除外"的规定，在《无证无照经营查处办法》第三条内容的基础上，增加"零星小额交易活动"不需要办理市场主体登记的规定，核心原因是主体开展交易活动（行为）不满足营业行为所要求的持续性和稳定性的特征，难以纳入商事主体的营业行为范畴，故没有办理市场主体登记的必要。

另外,《最高人民法院关于审理网络消费纠纷案件适用法律若干问题的规定(一)》第七条也对前述交易行为属性进行了回应，相关规定为“消费者在二手商品网络交易平台购买商品受到损害，人民法院综合销售者出售商品的性质、来源、数量、价格、频率、是否有其他销售渠道、收入等情况，能够认定销售者系从事商业经营活动，消费者主张销售者依据消费者权益保护法承担经营者责任的，人民法院应予支持”，即需要根据标的属性、交易行为等综合判定网络交易行为是否属于经营性交易，并以此来判定相关法律责任的承担。

综上所述，交易主体所涉及交易行为属性来说，二手物品的交易行为可区分为以下几类(见表 11-1)。

一是经营性主体的经营性交易行为，如二手商品经营者(旧货经营者)将其收购的二手商品进行销售的行为。

二是经营性主体的非经营性交易行为，如二手商品经营者(旧货经营者)将其采购自用的二手商品转让的行为。

三是非经营性主体的经营性交易行为，如自然人个体大量收购他人二手物品并销售给他人的交易行为，当符合商事营业行为的标准时，构成经营性交易行为。

四是非经营性主体的非经营性交易行为，如自然人个体将采购自用的二手物品转让给他人的交易行为。

**表 11-1　二手物品的交易行为区分**

| 交易主体 | 交易行为 | 场景示例 |
| --- | --- | --- |
| 经营者 | 经营性交易行为 | 旧货经营者将其收购的二手商品进行销售的行为 |
| | 非经营性交易行为 | 旧货经营者将其采购自用的二手商品转让的行为 |
| 非经营者 | 经营性交易行为 | 自然人大量收购他人二手物品并销售给他人以牟利的交易行为 |
| | 非经营性交易行为 | 自然人个体将采购自用并闲置的二手物品转让给他人的交易行为 |

# 第三节　二手物品网络交易的法律关系及其网络平台法律性质

## 一、不同交易模式下的基础分析

在二手物品网络交易实践中，二手物品交易可能存在于多种类型的电子商务平台内（在该电商平台内既有一手商品的网络交易，也有二手物品的交易），也可能存在于单纯的二手物品交易平台（在交易平台内仅存在二手物品交易），还可能存在于其他类型的平台中，如信息服务平台或直播平台中存在二手物品的交易。因此，不能仅从交易主体、交易行为以及平台属性等单一维度来确定二手物品交易平台法律属性及其地位。同时，二手物品交易平台也并非单一或唯一属性的，而是每一板块业务可能对应其中一种平台属性。因此，二手物品交易平台可能存在多种平台属性的混合，即电子商务平台、信息服务平台以及物品交易平台等多种属性的混合，而某一板块所对应的平台法律属性主要取决交易主体以及交易行为的法律属性。在实际业务中，二手物品交易平台存在非自营模式和自营模式。

### （一）非自营模式下的二手物品交易结构以及交易关系

如图 11-1 所示，在非自营模式下，出让方、受让方与网络平台三方当事人之间至少存在三个基础法律关系以及辅助法律关系。

一是网络平台作为网络服务提供者与入驻平台的出让方之间形成的网络服务合同关系。网络平台提供的服务包括提供网络空间（展示相关信息）场所、发布物品信息的信息流、交易信用评价、争议解决等，但不以自己名义开展二手物品转让活动。

二是网络平台与用户（受让方）之间形成的网络服务合同关系。网络平台提供价金托管支付、交易信用评价、争议解决等服务。

三是最终由出让方与受让方形成的网络转让合同关系。而网络转让合同是属于网络销售合同还是网络转让交易合同关系，主要取决于出让方与受让方的交易行为的定性。

四是二手物品交易辅助服务提供者与委托方所形成的委托服务合同关系。除二手物品的鉴定、检验检测之外，基于支付配送等需求，网络平台、出让方等还会与第三方支付平台、物流服务商等其他经营者形成相应的委托服务合同关系。

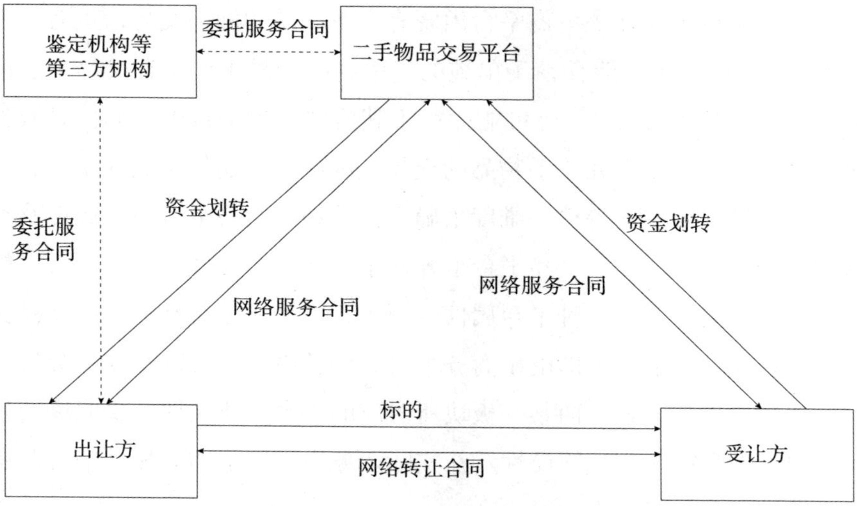


**图 11-1　非自营模式下的二手物品交易结构以及交易关系**

基于前述法律关系、交易主体以及交易关系属性，按网络平台介入网络交易程度从小到大的维度，网络平台属性存在以下情形。

（1）网络信息服务平台：当网络平台仅介入二手物品转让信息发布，而不介入二手物品订单生成、交易合同达成以及支付等过程时，实际交易由出让人与受让人通过自行沟通并在平台外完成，网络平台的属性属于信息服务提供者，即属于网络信息服务平台。

（2）网络转让交易平台：有的网络平台不仅介入二手物品信息发布，还介入网络转让交易的其他环节，如信息浏览、合同达成、在线交易等网络交易核心环节。此时，二手物品转让交易在网络平台实际完成。当转让涉及的交易行为为非经营性交易行为（经营者的非经营性交易行为和非经营者的非经营性交易行为）时，网络平台的属性应为特殊类型的网络交易平台，既不属于网络服务平台，也不属于电子商务平台。

（3）电子商务平台：有的网络平台不仅介入二手物品信息发布，还介入网络转让交易的其他环节，如信息浏览、合同达成、在线交易以及争议解决等网络交易所有环节。当转让涉及的交易行为为经营性行为时，网络平台应属于电子商务平台。按照《电子商务法》规定，对于电商平台经营者的定义为“为平台内经营者提供网络经营场所、商品浏览、订单生成、在线支付等服务”，对于二手物品交易平台是否属于电子商务平台就涉及对平台内经营者的界定问题。从理论上看，经营性交易包括经营者的经营性交易行为以及非经营者的经营性交易行为（可以被监管部门或司法机构追认为交易行为）。故当网络平台涉及为经营性交易行为提供服务时，网络平台属性为电子商务平台。此时存在两种情形：一是经营者在网络平台明确表示其为经营者（通过公示营业执照或其他方式），另外，其虽未在平台对外公示其经营者身份，但二手物品所有权为经营者主体所有，主要涉及需登记的不动产等。二是出让方并非市场登记主体，但交易行为属于经营性交易行为而被监管部门或司法部门认定为经营者。在此两种情形下，无论主动公示还是最终被认定，其交易行为属性均为经营性交易，网络平台为经营性交易提供网络交易服务，可被认定为电子商务平台。

### （二）自营模式下的二手物品交易结构以及交易关系

如图 11-2 所示，在自营模式下，出让方、受让方与网络平台三方当事人之间至少存在两个基础法律关系以及辅助法律关系。

一是网络平台作为网络服务提供者与入驻平台的出让方之间形成的网络服务合同关系，同时还与出让方达成网络转让合同。网络平台提供的服务包括提供网络空间（展示相关信息）场所、发布物品信息的信息流、交易信用评价、争议解决等，同时还以自己名义（作为受让方）开展二手物品转让活动。

二是网络平台与用户（受让方）之间形成的网络服务合同关系，同时还与受让方达成网络转让合同。网络平台提供价金托管支付、交易信用评价、争议解决等服务，同时还以自己名义（作为出让方）开展二手物品转让活动。

三是二手物品交易辅助服务提供者与委托方所形成的委托服务合同关系。除二手物品的鉴定、检验检测之外，基于支付配送等需求，网络平台、出让方等还会与第三方支付平台、物流服务商等其他经营者形成相应的委托服务合同关系。

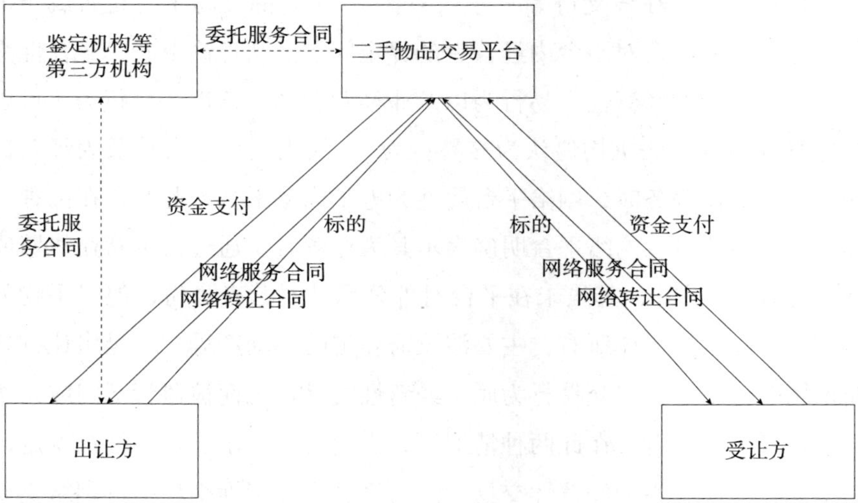


**图 11–2　自营模式下的二手物品交易结构以及交易关系**

基于前述法律关系、交易主体以及交易关系属性，网络平台属性属于电子商务平台（自营模式），即当网络平台以自己名义参与二手物品交易时，网络平台不仅介入二手物品信息发布，还介入网络转让交易的其他环节，如信息浏览、合同达成、在线交易以及争议解决等网络交易所有环节。尽管此时其前次二手物品的转让行为以及下一阶段二手物品的转让交易行为不一定属于经营性交易行为（因为其出让方和受让方不一定是销售者和消费者），但网络平台进行二手物品转让并获得差价的行为应属于经营性行为。故其平台属性属于电子商务平台的自营模式。

## 二、二手物品网络交易中交易双方的法律地位

### （一）出让方的法律属性及其法律适用

1. 经营者

在现有法律框架下，对于经营者的定义为“从事商品生产、经营或者提供服务的自然人、法人和非法人组织”。而对于二手物品交易领域，其存在以下两种情形。

一是专门从事二手物品经营性行为的经营者，即已获得市场主体登记并从事二手物品交易的主体，如已取得市场主体登记的二手物品商店回收他人的二手物品并销售给其他交易主体。前述交易行为既属于民事合同转让行为，又属于市场主体的经营性行为，经营行为不仅适用《民法典》等民事法律法规，还适用《反不正当竞争法》《消费者权益保护法》等市场交易监管法规。

二是未专门从事二手物品经营性行为的其他商品经营者，即从事其他领域商品或服务领域的经营者处置自身闲置或者二手商品的行为，该交易行为就属于物品处置行为，并非销售行为，尽管其属于已获得市场主体登记的经营者，但二手物品处置行为仅适用《民法典》等民事法律法规。

2. 非经营者

在现有法律框架下，并不存在对非经营者的定义，结合二手物品交易的情形，非经营者主要是自然人。而对于二手物品交易领域，其存在以下两种情形。

一是自然人非经营性行为，即自然人已收到购买自用的商品再次转让给他人的行为。一般情形下，该行为不满足经营性的要求，不具有持续性和营利性，法律属性上属于自己物品财产权的转让处置行为，转让

行为仅适用《民法典》等民事法律法规。

二是自然人的经营性行为，即自然人将收购他人的二手物品再次交易给其他交易对象的交易行为。尽管该自然人未取得市场主体登记，但因其交易行为满足一定条件（长期性、持续性、营利性），交易行为构成经营性行为，经营行为不仅适用《民法典》等民事法律法规，还适用《反不正当竞争法》《消费者权益保护法》等市场交易监管法规。

### （二）受让方的法律属性及其法律适用

《消费者权益保护法》第二条规定，“消费者为生活消费需要购买、使用商品或者接受服务，其权益受本法保护；本法未作规定的，受其他有关法律、法规保护”。根据立法释义，该法中的生活消费是指为个人或者家庭生活需要而消费物质资料或者精神产品的行为；消费者原则上是自然人，既包括商品的购买者，也包括商品的使用者，还包括服务的接受者。《反不正当竞争法》第八条所称消费者即生活消费者。综上所述，我们讨论的前提是消费者的含义为生活消费者且一般为自然人。

对应前述经营者经营行为的分类，受让方分类情形如下。

1. 消费者

一是与专门从事二手物品经营性行为的经营者达成二手物品交易的个人属于消费者。二是与从事经营性行为的自然人达成的二手物品交易的个人属于消费者。当前述经营性行为发生时，该受让人的法律属性属于消费者，二手物品交易行为适用《消费者权益保护法》等法律。

2. 非消费者

一是与未专门从事二手物品经营性行为的其他商品经营者达成二手物品交易的个人不属于消费者。二是与从事非经营性行为的自然人达成二手物品交易的个人不属于消费者。当前述行为发生时，受让人的法律属性属于非消费者，二手物品交易行为不适用《消费者权益保护法》等法律。

## 三、二手物品网络转让平台的法律义务

根据二手物品交易主体以及交易标的特殊性，二手物品交易平台主要义务如表 11-2 所示。

**表 11-2　二手物品交易平台主要义务**

<table>
<tr><th>序号</th><th colspan="2">主要环节</th><th>法定义务</th></tr>
<tr><td rowspan="7">1</td><td rowspan="5">主体证照资质合规</td><td rowspan="2">主体登记合规</td><td>平台经营者应办理市场主体登记。（《市场主体登记管理条例》第三条）</td></tr>
<tr><td>平台经营者应督促平台内符合二手物品经营者办理市场主体登记。（《无证无照经营查处办法》第三条）</td></tr>
<tr><td>主体资质合规</td><td>符合条件的二手物品经营者开展相关经营活动应依法获得行政许可。（《无证无照经营查处办法》第七条）<br>从事新闻、出版、教育、医疗保健、药品和医疗器械等互联网信息服务，依照法律、行政法规以及国家有关规定须经有关主管部门审核同意。（《互联网信息服务管理办法》第五条）</td></tr>
<tr><td>依法纳税和享受优惠</td><td>平台经营者应当依法履行纳税义务。</td></tr>
<tr><td>主体证照资质公示</td><td>平台经营者应当在其网站首页显著位置，持续公示营业执照信息、与其经营业务有关的行政许可信息。（《互联网信息服务管理办法》第十二条）</td></tr>
<tr><td rowspan="2">交易主体资质管控合规</td><td>平台主体账号合规</td><td>平台经营者应当要求申请进入平台转让交易二手物品的用户通过真实身份信息认证后注册账号。（《网络安全法》第二十四条、《互联网用户账号名称管理规定》第五条）</td></tr>
<tr><td>平台主体公示合规</td><td>平台经营者应当以显著方式区分标记已办理市场主体登记的二手物品经营者和二手物品个人转让者，确保能够清晰辨认。</td></tr>
</table>

续表

| 序号 | 主要环节 | | 法定义务 |
|---|---|---|---|
| 2 | 平台信息管理合规 | 披露二手物品信息合规 | 平台经营者应全面、真实、准确、及时披露二手物品转让信息，不得以故意隐瞒二手物品关键信息等方式欺骗、误导社会公众。（《民法典》第五百条） |
| | | 对物品信息检查并采取必要措施 | 平台经营者发现法律、行政法规禁止发布或者传输的信息的，应当立即停止传输该信息，采取消除等处置措施，防止信息扩散，保存有关记录，并向有关主管部门报告。（《网络安全法》第四十七条、《互联网信息服务管理办法》第十六条） |
| | | 为平台用户信息公示提供技术支持 | 平台经营者应当为平台内用户公示二手物品信息和机构信息公示提供技术支持。（《网络安全法》第二十二条） |
| | | 信息记录和保存 | 平台经营者应当记录、保存平台上发布的二手物品信息、交易信息，并确保信息的完整性、保密性、可用性。商品和服务信息、交易信息保存时间自交易完成之日起不少于三年（参照《民法典》第一百八十八条“向人民法院请求保护民事权利的诉讼时效期间为三年”的规定）；法律、行政法规另有规定的，依照其规定。 |
| 3 | 平台规则合规 | 制定交易规则并公开公示 | 平台经营者应当遵循公平、诚信原则，制定并公开平台服务协议和交易规则，明确用户进入和退出平台、二手物品质量保障、用户权益保护、个人信息保护等方面的权利和义务。（《民法典》第六条、第七条，《个人信息保护法》以及《网络安全法》第二十二条） |
| | | 修改规则公示 | 平台经营者修改平台服务协议和交易规则，应当采取合理措施确保提示对方注意免除或者减轻其责任等。（《民法典》第四百九十六条） |
| | | 违规处置告知 | 平台经营者对平台用户违反法律、法规的行为采取警示、暂停或者终止服务等措施的，应当及时告知。 |

续表

| 序号 | 主要环节 | | 法定义务 |
|---|---|---|---|
| 4 | 平台自营合规 | 网络交易物品合规 | 交易的二手物品应当符合保障人身、财产安全的要求和环境保护要求，不得转让法律、行政法规禁止交易的二手物品。 |
| | | 履行二手物品交付约定或承诺 | 平台经营者应当按照承诺或者与用户约定的方式、时限向用户交付二手物品。（《民法典》第五百零九条） |
| | | 押金续费合规 | 平台经营者应当明示押金退还的方式、程序，不得对押金退还设置不合理条件。 |
| | | 自营业务标识 | 平台经营者在其平台上开展自营二手物品交易业务的，应当以显著方式区分标记自营业务和平台内用户开展的业务，不得误导社会公众。 |
| 5 | 配合监管合规 | 用户信息违规处置之后向属地监管部门报告 | 平台经营者发现法律、行政法规禁止发布或者传输的信息的，应当立即停止传输该信息，采取消除等处置措施，防止信息扩散，保存有关记录，并向有关主管部门报告。（《网络安全法》第四十七条、《互联网信息服务管理办法》第十六条） |
| 6 | 平台行为合规 | 收集个人信息合规 | 平台经营者收集用户信息的，应当向用户明示并取得同意；涉及用户个人信息的，还应当遵守有关法律、行政法规关于个人信息保护的规定。（《网络安全法》第二十二条、第四十一条，《个人信息保护法》第十条） |
| | | 保证用户信息查询、更正、删除、注销权利 | 平台经营者应当明示用户信息查询、更正、删除以及用户注销的方式、程序，不得对用户信息查询、更正、删除以及用户注销设置不合理条件。（《电信条例》第二十四条） |
| | | 网络安全保障义务 | 平台经营者应当采取技术措施和其他必要措施保证其网络安全、稳定运行，防范网络违法犯罪活动，有效应对网络安全事件，发生网络安全事件时，应当立即启动应急预案，采取相应的补救措施，并向有关主管部门报告。（《网络安全法》第二十二条、第二十五条） |
| | | 明知应知采取必要措施义务 | 平台经营者知道或者应当知道平台内用户转让的二手物品不符合保障人身、财产安全的要求，应采取必要的措施。 |
| | | 协助解决争议义务 | 平台经营者应当建立便捷、有效的投诉、举报机制，公开投诉、举报方式等信息，及时受理并处理投诉、举报。平台经营者可以建立争议在线解决机制，制定并公示争议解决规则，根据自愿原则，公平、公正地解决当事人的争议。（《民法典》相关规定） |